KB107927

김정화
이것이 논평이다

어떤 대변인이 되어야 하는지에 대한 물음, 그래서 시작했다.
양심에 의한 논평을 쓰겠다는 다짐, 그래서 시작했다.

눈은 타인을 향하지만, 양심은 나를 향해야 세상을 바꿀 수 있다.

김정화 정치를 말하다.

김정화, 말하다 I

현안을 말하다
논평으로 말하다
기록하며 말하다

기자님들과 식사하며 말하다
정직을 우선으로 두며 말하다.
균형 감각을 생각하며 말하다

남들보다 더 많이 뉴스를 보며 말하다
악플에 시달릴까봐 두려워하며 말하다
언어가 미치는 파급을 생각하며 말하다

김정화, 말하다 II

올곧은 정치
권한을 선용하는 정치
이익보다 정의를 생각하는 정치
위태로움 앞에 머뭇거리지 않는 정치

김정화, 말하다 III

연세대학교 법과대학 졸업
바른미래당 대변인
네이버뉴스 편집자문위원회 위원
국민의당 비상대책위원
제19대 대통령선거 국민의당 안철수 후보 중앙선거대책위원회 부대변인
새정치민주연합 여성리더십센터 부소장

| 차례 |

김정화
이것이 논평이다

4대 그룹 총수의 평양행,
'남북정상'회담인가? '경협정상'회담인가?

18일 평양에서 열리는 남북정상회담에 삼성, 현대, LG, SK 등 대기업 총수가 동행한다.

문재인 정부에 묻겠다.

방북 수행단에 4대 그룹을 포함한 이번 회담은 '남북정상'회담인가? '경협정상'회담인가? 정상끼리 회담하러 가는 자리에 총수들이 왜 가는가?

문정부의, '과욕', '과속', '과시'를 경계하지 않을 수 없다. 남북 간의 장기적인 사업구상에 총수들의 평양 동행은 도움을 줄 수도 있다.

그러나 국제사회의 제재로 남북한 교류와 경제협력 사업이 막혀 있고, 북한의 핵문제가 해결되지 않은 상황에서 총수들을 대동하고 가서 뭘 어쩌자는 것인가?

설마, 대북 제재를 위반하고 투자하라고 기업 총수를 대동하고 가는 것인가? 일하기도 바쁜 기업에 '이것저것' 정치적인 행사까지 동원하는 문재인 정부에 우려를 표한다.

정치는 정치인이, 경제는 기업인이 하면 된다.

정부는 북한 비핵화를 앞당기는 일에 더 집중하고, 기업은 사업 경쟁력을 강화하는데 진력을 다하면 된다. 더 이상 정치행사에 기업인을 이용하며 들러리 세우는 일은 없어야 한다.

2018. 9. 14

〈 기업 활용 설명서 〉

선거 있을 때는 '적폐'
돈이 필요할 때는 '지갑'
과시가 필요할 때는 '들러리'

참으로 기업하기 어려운 나라, 대한민국.

결정적 하자가 '차고 넘치는' 유은혜 후보,
청와대의 은혜(恩惠)가 눈물겹다.

유 후보자에 대해 "결정적인 하자가 없다며 기존 흐름에 변화가 없다"고 밝힌 청와대가 기어이 유 후보자를 사회부총리 겸 교육부 장관으로 임명했다. 이 정부 최고의 보은인사가 아닐 수 없다.

문정권이 오만해지기로 한 것인가?
흠결 많은 후보자를 임명한 이유가 무엇인가?

혹시 유 후보의 총선용 약력에 '전직 교육부 장관'이라는 타이틀을 달아주기 위해 임명을 강행했는지 묻지 않을 수 없다.

현역 의원을 보고서 채택 없이 장관으로 임명한 것은 사상초유다. 그만큼 장관으로 부적절하다고 판단한 것이다. 흠결이 많다는 것을 국민은 아는데 청와대만 모르는 것인가?
유 후보의 임명은 국회와 국민에 대한 정면 도전이다.
유 후보를 향한 청와대의 은혜(恩惠)가 눈물겹다.

임기 1년짜리 장관, 교육 비전문가, 위장 전입 문제, 피감기관 건물 입주 의혹, 59건의 상습교통위반...

결정적 하자는 '차고 넘친다.'

국가 백년대계인 교육정책을 설계해야 할 교육부 장관으로 국민들이 존경할 만한 인물을 찾기가 그리 힘들었던 것인가?

끝으로 문 대통령에게 묻겠다.

정말로 유 후보자가 교육부 장관을 감당할 자격이 된다고 생각하는가?

2018. 10. 2

은혜(恩惠)를 받으면 교육부 장관도 될 수 있다.
이름을 바꿔볼까?

곧을 정(貞)에, 화목할 화(和)
김정화(金貞和)

장관보다
이름값 제대로 하는 정치인이 되자.

시트콤도 하루 이틀이다.
자유한국당은 더 이상 '추근대지 마라'

자유한국당의 오랜 버릇이 또 나왔다.

썩어가는 당내의 문제는 덮어둔 채 통합이나 연대를 언급하는 것이 눈앞의 위기를 모면하려 할 때마다 나오는 자유한국당의 습성이다.

수구 보수당은 기억력이 없는가?

시트콤도 하루 이틀이다.
자유한국당은 더 이상 "추근대지 마라."

자유한국당은 국민이 등 돌리는 이유가 보수 세력의 분산 때문이라고 착각하는 것인가?
기득권과 재선을 위해 발버둥치는 모습이 애처롭다.

국민은 없고, 기득권만 있는 자유한국당에 무슨 희망이 있는가?

자유한국당의 유통기한은 끝났다.

도태되어야 할 정당이며 역사의 뒤안길로 사라질 정당이다.
지지자도 창피해하는 정당은 존재 이유가 없고, 존재 이유 없는 정당에는
아무도 관심을 갖지 않을 것이다.

자유한국당이 뭐라고 하든 바른미래당은 보수정당 통합에 아무런 관심이
없다.

바른미래당이야말로 중도개혁정당으로 정치구도를 바꿔나갈 중심 정당이
기 때문이다.

끝으로 자유한국당에 한마디 더하겠다.
자유한국당에 성찰이라는 게 있기나 한 것인가?

2018. 10. 15

유통기한이 지난 음식은 먹기 꺼림칙하다.
유통기한이 지난 정당도 마찬가지다.
상한 것을 먹으면, 탈이 난다.

상한 정당을 만나면,
국민의 정신건강에 백해무익이다.

내 마음에 들면 '진짜뉴스', 내 마음에 안 들면 '가짜뉴스'인가?

박상기 법무부 장관이 '알 권리 교란 허위조작정보 엄정 대처' 방안을 발표했다.

예방과 자율 규제를 포함한 정부 차원의 대책을 내놓기도 전에 '처벌'만을 내세우는 급한 사정이라도 있는가?

박 장관의 발 빠른 과잉대응에 정치적 의도를 의심하지 않을 수 없다.

법무부는 허위조작정보를 '객관적 사실관계를 의도적으로 조작한 허위사실'로 정의하며 근거 있는 의혹 제기는 처벌 대상이 아니라고 밝혔다.

사후적으로 내용이 일부 허위로 드러나면 이를 처음부터 '허위조작정보'라고 규정할 것인가?

합리적인 의혹 제기도 법적으로 처벌할 가능성이 높아진 것이다.

정부를 비판하는 내용을 억압하려는 것인가?

내 마음에 들면 '진짜뉴스', 내 마음에 안 들면 '가짜뉴스'가 아니다.

가짜 뉴스가 통하는 이유는 정부가 신뢰감을 못 주기 때문이라는 것을 알아야 한다. 어떤 잘못된 주장이 나왔을 때 그에 대한 반박과 재반박이 이뤄지면서 사실이 확립돼 가는 자유로운 과정을 막지마라.

공권력을 통한 정치적 비판의 자유를 억압하려는 어떠한 시도도 있어서는 안 될 것이다.

2018. 10. 17

김정화가 못생겼다- 가짜뉴스
김정화가 꽤 괜찮다- 진짜뉴스

이렇게 하면 되는가?

23

자유한국당, 태극기부대는 '가져가고'
태극기는 '돌려 달라'

우리나라 국기인 태극기는 끝없이 창조와 번영을 희구하는 한민족의 이상을 담고 있다. 흰색 바탕은 밝음과 순수, 그리고 전통적으로 평화를 사랑하는 우리의 민족성을 나타낸다. 태극 문양은 우주 만물이 음과 양의 상호 작용으로 생성하고 발전한다는 대자연의 진리를 형상화한 것이다. 네 모서리의 4괘는 태극을 중심으로 통일의 조화를 이루고 있다.

자유한국당의 태극기부대를 향한 러브콜이 연일 계속되고 있다.
자유한국당은 희망대로 태극기부대를 끌어안고 가라.

환영한다. 일종의 격리 수용으로 이해하면 될 것 같다.

대신 태극기는 돌려 달라.
태극기는 국민의 것이다.
국민이 자칫 태극기부대로 오인 받을까 태극기 쓰기를 주저하고 있다.

태극기가 더 이상 일부 집단의 정치적 성향을 드러내는데 쓰여서는 안 된다.
태극기는 우리나라의 국민정신과 주권을 대표하는 숭고한 상징이다.
자유한국당은 태극기부대는 '가져가고' 태극기는 '돌려 달라.'

그리고 태극기를 돌려주는 김에 성조기도 미국에 돌려주는 것이 좋겠다.

2018. 10. 19

태극기가 바람에 펄럭입니다.
하늘 높이 아름답게 펄럭입니다.

제발,
태극기 부대의 손에 태극기가 펄럭이는 일이 없기를 바라며!

음식물 쓰레기 더미를
비빔밥이라고 우기지 말자.

"나라 걱정하는 분들이고 직전 대통령을 구속시켜서 추락한 국격을 걱정하는 분들"

이는 태극기 부대에 대한 전원책 자유한국당 조강특위 위원의 발언이다.

전원책 위원도 별 수 없는 것인가?

사리분별을 상실한 발언은 유감이 아닐 수 없다.

보수대통합에 '태극기 부대'를 포함시킬지 여부에 대해 "그 분들 빼고 뭐 빼고 하면 어떻게 합니까"라고 밝혔다.

보수를 걱정하는 수많은 사람들의 경고에도 불구하고 태극기 부대의 힘이라도 얻어 일단 덩치를 불리고 보자는 자유한국당의 확고한 의지에 '경의를 표해야 할 지경'이다.

신선한 재료를 모아 색과 맛, 계절과 지역이 한 데 어울리게 조화와 융합을 이루어 만들면 비빔밥이 된다.
반면 부패한 재료를 마구잡이로 섞은 것은 음식물 쓰레기 더미에 불과하다.

국민에 의해 탄핵당한 정권의 국무총리, 아이들 밥 못 먹이겠다고 사임한 시장 등의 인사는 물론 태극기 부대까지 끌어안고 가겠다는 자유한국당의 선택을 존중한다.

다만 그렇게 만들어진 음식물 쓰레기 더미를 비빔밥이라고 우기지는 말아야 할 것이다.

2018. 10. 22

이 논평이 배포된 후
10월 23일 대한애국당 논평.

태극기 부대라고 지칭되는 우리 태극기 애국국민들에게 바른미래당 지도부는 즉각 사과하라.

태극기애국국민들의 명예를 훼손하고 모욕을 저지른 바른미래당 김정화 대변인을 즉각 사퇴시키라.

무섭다.
조심하자.

'가짜뉴스' 보다 '가짜주장'이 더 위험하다.

〈 정당한 비판에 대응하는 정부여당의 전략〉

첫째, 귀를 닫고 화려한 쇼로 국민의 눈길을 돌릴 것.

둘째, 야당, 전 정권, 날씨 등 남 탓으로 책임 소재를 돌릴 것.

셋째, 적반하장 식으로 싸잡아 가짜뉴스라고 '가짜주장' 할 것.

세 번째 전략의 효과가 꽤 괜찮았는지 정부 여당의 가짜뉴스 매도 공세에 서울시도 합류했다.

서울교통공사에서 일어난 최악의 고용세습사태에 대한 책임을 져야 할 윤준병 서울시 행정1부시장은 오히려 "가짜뉴스'와 '허위자료' 운운하며 정치 공세에 대한 법적 조치도 불사하겠다고 덧붙였다.

이는 공개적인 협박과 다름없다.

국정감사를 통해 제기된 정당한 문제제기를 가짜뉴스라고 매도하면서 다른 한편으로는 국가가 직접 가짜 뉴스를 규정하고, 고소·고발 없이도 이른바 인지 수사를 할 수 있게 한 법안을 추진하려는 것은 정부가 국민이 비판할 수 있는 자유를 박탈하겠다는 사실상의 '공포 정치 선언'이다.

1인 미디어의 조잡한 '가짜뉴스' 보다 절대 권력의 '가짜주장'이 더 위험하다.

정부와 여당은 정략적인 대책으로 가짜뉴스를 이용하기에 앞서 국민의 정당한 비판에 귀를 기울여야 할 것이다.

2018. 10. 24

정당한 비판은 시원한 바람과 같다.

가을이다.
시원한 바람처럼 받아 들여라.

남북은 서로 악수(握手), 남남은 서로 악수(惡手)

판문점 북측 지역 통일각에서 남북정상급회담이 개최되었다.

남북은 우선 11월 1일부로 지상·해상·공중에서 적대행위를 중지하기로 했다. 그리고 11월 말까지 GP 병력과 장비를 철수하고 GP를 완전 파괴하기로 했으며 12월 중 상호 검증하기로 했다.

이번 회담에서 '남북군사공동위원회'구성과 관련한 합의를 보지 못한 부분은 아쉬움이 남지만 평화를 향한 노력에 박수를 보낸다.

그런데 현재 남북은 서로 악수(握手), 남남은 서로 악수(惡手)를 두고 있는 중이다.

북한의 정체성에 대한 청와대와 자유한국당 간의 논쟁이 답답할 따름이다.

지금 우리에게 중요한 것은 북한이 국가인지 아닌지가 아니라 '비핵화와 평화의 진전'이다.

바른미래당은 국회 비준 대신 결의안을 채택하자는 합리적이고 실용적인 방안을 제시했다.

하지만 청와대는 판문점 선언 비준을 국회에 떠넘겼다. 그리고 평양 선언과 이행부속서 군사분야 합의서는 대통령 비준을 강행해 국론 분열을 일으켰고 자유한국당은 이때다 싶어 싸움을 걸고 나섰다.

청와대와 자유한국당은 평화를 정쟁의 도구로 삼지 마라.

이제 한반도 비핵화를 바탕으로 한 남북 평화라는 거스를 수 없는 대세를 맞이하여 보다 '합리적이고 실용적인 방안'을 찾는데 최선의 노력을 기울여야 할 때다.

2018. 10. 26

악수(握手)

정치권에 와서 악수는 일상이 되었다.

제압하는 악수.

의례적인 악수

신뢰는 주는 악수.

감사를 드러내는 악수.

따뜻함을 드러내는 악수.

반가움을 드러내는 악수.

악수에도 미묘하지만 온기가 다르다.

저와 악수 한번 해보실 분.

아니 국민의 굴욕은 안보입니까?

"아니 냉면이 목구멍에 넘어갑니까?"
문재인 대통령의 특별수행단으로 평양을 방문한 대기업 총수들에게 이선권 북한 조국평화통일위원장이 핀잔을 주었다는 사실이 밝혀졌다.
일하기도 바쁜 기업인을 정치적 행사까지 동원하고 공개 망신까지 당하게 만든 것이다.

왜 우리나라 최고 기업인들이 북한으로부터 몰상식한 대접을 받아야 하는가? 조급증이 낳은 굴욕적인 참사다.

그런데 정부는 이 위원장의 '독특한 화법'이라며 비호하고 있다. 비호할 것을 비호해라. 무슨 화법 타령인가?

이 위원장의 말투까지 우리가 알아야 하는가?정말 나라다운 나라가 아닐 수 없다.

북한의 도를 넘는 결례에도 말 한마디 못하는 정부의 지나친 저자세는 큰 문제가 아닐 수 없다.

최소한 국민의 자존심은 지키는 정부가 되라.

끝으로 문 대통령께 묻고 싶다.아니 국민의 굴욕은 안보입니까?

2018. 10. 30

독특한 화법(畵法)과 색채로 많은 명작을 남긴 반고흐.

독특한 화법(話法)을 운운하며 국민 화병(火病)을 남긴 문정부.

독특한 '목구멍 챌린지'를 남긴 이언주, 김진태 의원의 '목구멍 챌린지'
(호로록~ "냉면이 목구멍이 잘 넘어갑니다.")

호가호위 비서실장, 선거법 위반 행정관은 누구?

불법 선거운동을 한 혐의로 기소된 탁현민 청와대 선임행정관이 1심에 이어 2심에서도 벌금형을 선고받았다. 호가호위하는 비서실장에 선거법 위반 행정관까지 청와대의 기가 막힌 인선에 찬탄하지 않을 수 없다.

지난 7월 "맞지도 않는 옷을 너무 오래 입었다"며 사의를 표명했던 탁 행정관은 선고가 끝난 뒤 자신의 거취를 두고 "그렇게 오래 걸리진 않을 것 같다"라고 덧붙였다.

혹시 시간이 흐르면 저절로 해결되는 문제라고 생각하는가?책임은 말과 행동이 수반되어야 그 진정성을 느낄 수 있다.

첫 눈은 이미 설악산에 내렸다.임종석 비서실장은 왜 감감 무소식인가?

탁 행정관의 거취를 알기 위해서는 탁 행정관이 여성비하를 일삼던 '남자 마음 설명서'라는 책 대신 '임종석 마음 설명서'가 필요할 것 같다.

여성 비하도 모자라 이제는 선거법 위반자 타이틀까지 거머쥔 탁 행정관에게 묻겠다.

'스스로' 청와대를 떠날 생각은 없는가?

2018. 11. 2

첫 눈이 내리면

사랑하는 이의 전화보다
탁현민의 사퇴가 더 기다려진다.

눈이 내렸다.
탁현민은 뭐하고 있는가?

설마, 2019년의 첫 눈을 말한 것인가?

'낭인', '이중성,' '양심선언',
어느 장단에 맞춰야 하는가?

5일 하루 동안 일어난 강제징용 피해보상 판결과 관련된 세 가지 장면 중, 미래지향적 한일 관계 구축의 희망을 보여주는 것은 무엇인가?

△ 낭인 일본의 '전국시대' 이후 전란 등으로 주인 잃은 무사인 낭인은 청부 살인과 노름을 통해 생계를 유지하다가 도적단을 형성하여 마을을 약탈하기도 했다고 한다.

일본 국회의원들이 우리 국회의 주요 인사를 만나 대법원의 강제징용 판결에 대해 "결코 수용할 수 없다"며 "한국정부가 앞으로 어떻게 대응할지에 따라서 한일관계에 영향을 미칠 수 있다"고 협박하기까지 했다.

흡사 낭인(浪人) 떼와 같았다.

△ 이중성 일본 국회의원들이 대한민국 입법의 심장부에서 '난동'에 가까운 만행을 저지르는 동안 중국에서 열린 강제징용 재판에서는 피해자와 '화해' 하기로 하고 합의금을 지급하기로 했다.

기금도 조성해 중국인 피해자들을 위한 기념비 건립과 추도행사, 소재가 확인되지 않은 피해자와 유족을 추적 조사하는 데에도 쓸 예정이라고 한다.
이런 일본의 이중성은 힘과 권력에의 굴종에서 비롯된다.

△ 양심선언 일본의 변호사 1백여 명이 아베 정부의 대응을 비판하고 해결
노력을 촉구하는 양심선언을 했다.
이들은 한국 대법원의 판결이 국제법상 있을 수 없다는 아베 총리의 발언은
잘못된 것이라면서 한일청구권 협정에 의한 개인 청구권은 소멸하지 않았고
피해자가 납득하고 사회적으로도 용인된 해결이 필요하다고 밝혔다.
덧붙여 이번 판결을 계기로 한일관계의 근본적인 해결을 촉구하기도 했다.
'낭인', '이중성,' '양심선언', 어느 장단에 맞춰야 하는가?

2018. 11. 6

낭인, 이중성, 양심선언
일본의 진짜 모습을 찾습니다.

일본의 오락가락 행태.
일본에 대한 나의 애정도 오락가락이다.

펭귄은 죄가 없다.

하루가 멀다 하고 요즘 청와대 비서들의 언행이 요란하다.

"자기정치를 시작했다는 건 황당한 풍문에 불과할 뿐, '퍼스트 펭귄'이 되고자 할 뿐이다."

이는 조국 수석 비서관이 한 방송사에 보낸 문자 내용이다.

대단한 자아도취가 아닐 수 없다.

문재인 정부의 비서들은 왜 이렇게 나서는가?
나설 때 안 나설 때 가리지 않으니 자기 정치 한다는 소리를 듣는 것이다.

그동안 현안에 대해 건건이 페이스북에 입장을 내더니 이제는 방송사를 통해 자기정치를 하기로 한 것인가?

참으로 민폐(民弊) 끼치는 민정수석(民政首席)이 아닐 수 없다.

청와대에 있다고 권한을 남발하지 마라.

민정수석은 고위공직자의 인사검증, 직무관찰, 대통령 친인척 감찰이 주된 임무다.

펭귄은 죄가 없다.
괜한 펭귄 잡지 말고, 부실한 인사검증이나 잘해라.

끝으로 퍼스트 펭귄을 자인하는 조국 수석 비서관에게 사자성어를 선물한다.

야랑자대(夜郎自大)

2018. 11. 6

조국이 '쏘아올린 펭귄'이 하루 종일, 종편 TV에서 나온다.
웬 펭귄타령인가?
조국은 생경한 단어를 쓰면서 훈계하지 마라.
역겹다.
조국 덕분인지, 펭귄 덕분인지 몰라도
본 논평이 이주의 논평으로 선정됐다.
영광을
조국에게 바쳐야 하는가? 펭귄에게 바쳐야 하는가?

'이니 하고 싶은 대로', 낙하산 부대 출동?

미세먼지가 좀 걷히면 괜찮아질까 싶었더니 아직도 하늘이 흐리다.
문재인 정부의 '낙하산 부대'가 새까맣게 하늘을 뒤덮고 있기 때문이다.
공수부대 출신 대통령이라 그런지 낙하산의 스케일이 '어마어마'하다.
박근혜 정부 시절보다도 2배 가까운 낙하산 인사가 '이니 하고 싶은 대로'
꽂아 넣어졌다.

'적폐청산'이라 외치고 '적폐양산'을 하고 있는 것이다.
박 모 씨는 문재인 대통령의 팬카페 리더라는 이유만으로 코레일유통의 비
상임이사로 선임되었다.

참으로 대단한 낙하산 부대의 대장이 아닐 수 없다.
언제까지 깨끗한 척, 정의로운 척, 이중적인 민낯을 보일 것인가?전 정권보
다 더하면 더하지 덜하지 않는 정부다.

한탕 해보려고 집권한 것인가?문재인 정부의 대규모 낙하산 부대는 미세먼

지만큼 심각한 재난이다.

바른미래당은 '공공기관 문재인 정부 낙하산·캠코더 인사 현황'을 발표하는 등 문재인 정부의 낙하산 인사 문제를 꾸준히 지적했다.

또한 계속해서 낙하산 문제를 근절하여 정의를 바로 세우는데 앞장설 것이다. 명심하라. 국민은 특정 정치인과 그 추종자들의 호의호식을 위해 촛불을 든 것이 아니다.

2018. 11. 08

공보실 실장님께서 걱정하신다.

"김정화 대변인님! 혹시 공수부대 출신 군인들에게 명예훼손을 당하지 않으실까요?"

비유적 표현일 뿐,
공수부대를 모욕할 생각이 전혀 없다.

정의로운 세상을 만들고자 했던

故 윤창호 씨의 명복을 빈다.

기적처럼 일어나길 간절히 바랐는데 윤창호 씨가 끝내 숨졌다.정의로운 세상을 만들고자 했던 한 젊은이의 꿈이 그렇게 산산조각 난 것이다. 故 윤창호 씨의 명복을 빈다.소중한 사람을 떠나보내야 하는 유가족들께도 깊은 애도를 표한다.

그리고 '윤창호법' 발의를 위해 노력해온 윤 씨의 친구들에게도 위로를 전한다. 음주운전으로 언제까지 애꿎은 사람이 희생되어야 하는가?

더 이상 선량한 대다수의 국민이 음주운전 사고로 가족을 잃어서는 안 된다.국민의 고통을 생각하지 않는 정치는 미래가 없다. 꿈과 희망 그리고 목숨마저 송두리째 빼앗는 음주운전.더 이상의 관용은 있을 수 없다.

윤창호 씨의 죽음이 개인의 불행으로 끝나지 않도록 이번에는 반드시 법을 바꿔야 한다.

바른미래당은 '윤창호법'이 올해 안에 본회의에 통과할 수 있도록 최선의 노력을 다하겠다.

2018. 11. 09

〈 다행히 〉

다행히 '무사합니다'
다행히 '인명피해가 발생하지 않았습니다'
다행히 '사상자는 없는 것으로 전해졌습니다'

윤창호씨가
다행히 '기적적으로 살아나길' 바랬던 마음이었기에, 가슴이 먹먹해지는 하루다.

염치는 없고 자존심만 남은 일본에게는
'독도티셔츠'가 약이다.

일본의 몰염치가 끝이 없다.

일본 공연을 앞둔 세계적인 그룹 방탄소년단 중 한 명이 광복티셔츠를 입었다는 이유로 출연이 취소됐다. 광복티셔츠에 대한 분노가 공연 취소로 연결된 것이다.

방탄소년단이 허위사실을 유포했는가?티셔츠에 그려진 사진은 의도성이 없는 역사적 사실일 뿐이다. 참으로 부끄러움을 모르는 일본이다.

그리고 애국심(PATRIOTISM), 우리역사(OURHISTORY), 해방(LIBERATION), 코리아(KOREA)라고 적힌 티가 무슨 원폭 조롱인가?
적반하장도 지나치다.
염치는 없고 자존심만 남은 일본에게는 '독도티셔츠'가 약이다.

주요 외신들이 방탄소년단의 소식을 전하며 전 세계 팬들이 일제강점기에 일본이 저지른 만행을 새롭게 알게 됐다고 하니 사필귀정이다.

염치는 없고, 자존심만 남은 일본에 말한다.
부끄러운 과거도 역사다.

2018. 11. 10

〈 '독도티셔츠가 약' 〉

광복티셔츠를 입었다는 이유로 bts의 일본 방송 출연을 취소했다는 티비 소리가 들렸다.
밀린 빨래를 하고, 건조대에 빨래를 널고 있던 중, 손끝에서 강하게 논평 내용이 스친다.
"독도티셔츠가 약"이네.
빨랫감도 나에게는 소중한 논평재료다.
집안에 너무 많은 논평 재료가 있다.
앞으로 설거지, 청소, 쓰레기 분리수거.
솔선수범해야겠다.
정말?

쌍욕일체, 가증일체,
위선일체의 주인공은 누구인가?

노무현시체 뺏기지 않으려는 눈물...가상합니다. 홧팅...ㅋ
배설에 가까운 글을 올린 주인공이 잡혔다.
트위터의 계정주 '혜경궁 김씨'가 이재명 경기지사의 부인 김혜경 씨라는 경
찰의 수사결과가 나온 것이다.
국민을 상대로 부부공갈(夫婦恐喝)단이 되기로 한 것인가?

정의로운 척, 깨끗한 척, 피해자인 척
뻔뻔함의 극치이다.

그동안 이 지사는 부인 김혜경씨가 "혜경궁 김씨"가 아니라고 주장했다.
쌍욕일체, 가증일체, 위선일체의 부부가 아닐 수 없다.
잡스러운 가정사, 잡스러운 스캔들, 잡스러운 허위사실 공표...
정치인 중에 이렇게 말 많고 탈 많은 부부가 있었는가?
부부에게 일어난 오늘의 일은 자업자득이다.

선량한 경기도민과 국민들은 무슨 죄인가?
바른 정치의 기본은 '진실한 성품'이다.입만 열면 국민을 상대로 거짓말하는
사람은 필요 없다.
이쯤 되면 이재명 지사는 '스스로 거취를 결정'해야 할 것이다.
그것이 이 지사를 믿고 지지해준 국민들을 위한 최소한의 도리일 것이다.

2018. 11. 17

척, 척, 척
일체, 일체, 일체
잡스러운, 잡스러운, 잡스러운

시에 운율이 있다면, 내 논평에는 라임이 있다고 한다.

매사, 창작의 고통에 기염을 토하고 있다.

의성어, 의태어, 관용적인 표현, 속담, 사자성어.

매일 매일이 어휘통(痛)이다.

청와대 적폐는 '패스', 상대방의 적폐만 '청산'인가?

정부가 '생활적폐 9대 과제'를 선정하고 종합대책마련에 나선다고 한다. 문재인 대통령이 권력적폐를 넘어 생활적폐를 청산하겠다고 밝힌데 따른 조치다.

청와대가 적폐를 양산하고 있다는 사실은 모르는 것인가?이미 세상에 드러난 '청와대 적폐'나 빨리 청산하라.

〈청와대 적폐 9대 과제〉
△갑질 : 복지부 국장과 과장의 휴대폰을 제출받아 조사하는 등 정부 부처에 비서실이 지나치게 간섭하기
△낭비 : 국회는 물론 정부 부처와 공공기관이 모두 특활비를 줄이고 있는 가운데 청와대만 전년과 동일한 181억 원 제출하기
△독주 : 경제부총리, 정책수석, 환경부장관 임명을 강행하는 등 국회 무시하기
△불통 : 국민들의 우려에도 불구하고 대북 과속, 소득주도성장을 유지하며 듣기 좋은 말에만 귀 기울이는 선택적 소통하기

△낙하산 : 같은 기간 박근혜 정부의 2배가 넘는 낙하산 인사를 공공기관에 꽂기 (문재인 팬클럽 리더도 포함)

△기강해이 : 경호처 직원이 술에 취해 시민을 폭행하고 "내가 누군지 아느냐"며 난동 부리기

△여성비하 : 여성비하를 일삼던 행정관이 첫눈이 내려도 여전히 요지부동하기

△자기정치 : 비서실장이 장관들을 거느린 채 선글라스 끼고 현장을 순시하는 등 측근들의 자기정치 계속하기

△직무유기 : 연이은 인사 참사에도 인사검증의 책임자인 민정수석이 자리에서 굳건히 버티고 있기

청와대 적폐는 '패스', 상대방의 적폐만 '청산'인가?

아무리 '등잔 밑이 어둡다'고 해도 청와대 등잔 밑부터 살펴라.그것이 추상같은 국민의 명령이다.

2018. 11. 20

진보의 탈을 쓴 적폐.
보수의 탈을 쓴 적폐.

믿을 곳이 없다.

조국 수석은 자신의 일에 애직심(愛職心)이 없는 것인가?

"경제 성장동력 강화 및 소득 양극화 해결에 부족함이 많기에 비판을 받고 있다. 이 분야 전문가는 아니나 가슴 아프게 받아들인다."

조국 청와대 민정수석이 자신의 페이스북에 올린 글이다.

민정수석은 이제 경제부총리가 되기로 한 것인가?
왜 남이 할 일을 가로채는가?

문정부의 청와대 참모들은 총리와 장관위에 있는 모양이다.

조국 수석은 자신의 일에 애직심(愛職心)이 없는 것인가?
인사검증을 잘못하니 청와대의 기강이 그 모양 아닌가?

자신이 할 일이나 제대로 해라.
자신의 우(愚)는 돌아보지 못하는 조 수석의 인식이 안타깝다.

업무에 자신이 없으면 그 자리에서 내려오는 게 도리이다.

그리고 국민은 여전히 배고프다고 했는가?

여전히 배가 고픈 게 아니다.
문정부가 해 놓은 것이 없어서 먹을 것이 없다.

끝으로 사자성어를 사랑하는 '질소 포장된 조 수석'에게 글을 바친다.

군군신신(君君臣臣)
군주는 군주답게, 신하는 신하답게

2018. 11. 26

질소 포장된 과자.
질소 포장된 정부.
질소 포장된 세금.
질소 포장된 국회의원.
.
.

질소 포장된 대변인은 되지 말자.

자리가 '사람'을 만들고,
공수부대 대통령은 '낙하산'을 만든다.

문재인 정부의 낙하산이 점입가경이다. 한국관광공사의 자회사인 '그랜드 코리아 레저'(GKL)가 상임 이사로 문 대통령이 대표 변호사를 지냈던 '법무법인 부산'의 사무장 출신인 송병곤씨를 선임했다. '그랜드 코리아 레저'(GKL)는 '관광 및 카지노 산업에 대한 지식과 경험이 풍부한 인물'을 상임이사 자격조건으로 명시했지만 송씨는 관련 경력이 없다. 상임이사의 연봉은 무려 1억 1,000만 원에 달한다. 문 정권은 부끄럽지 않은가? 적폐청산을 무기로 대통령이 됐으면 최소한의 양심은 있어야 한다. 앞서 GKL은 문재인 대통령을 공개 지지한 유태열 전 대전지방경찰청장을 사장으로 선임했다. 유사장 역시 관련 경험이 전혀 없다.

과정은 '생략', 기회는 '측근', 결과는 '낙하산'이 아닐 수 없다. 끼리끼리 다 해먹는 나라에서 정의로운 나라를 기대하기는 요원해 보인다. 바른미래당이 이미 수차례 지적한 바와 같이 문재인 정권의 낙하산은 적폐로 규정된 박근혜 정권보다 심각한 지경이다. 자리가 '사람'을 만들고, 공수부대 대통령은 '낙하산'을 만든다. 문 대통령은 언제까지 낙하산으로 온 나라를 도배할 생각인가? 앞으로 적폐청산과 정의에 대해 입도 뻥긋하지 마라.

그 나물에 그 밥이 아니라 '그 나물보다 더한 밥'인 문 정권에 동요를 선물한
다.

〈 똑같아요 〉

무엇이 무엇이 똑같은가?

문정권, 박정권 똑같아요

무엇이 무엇이 똑같은가?

신적폐, 구적폐 똑같아요

2018. 11. 28

백제무왕에게 선화공주를 향한 '서동요'가 있다면

양극단의 낡은 정치를 향한 '똑같아요'가 있다.

볼썽사나운 더불어한국당.

'김앤장의 민낯',
재판거래 의혹 규명에 성역이 있을 수 없다.

김앤장의 민낯이 드러났다. 사법 농단 사건을 수사 중인 검찰이 양승태 사법부 시절 강제징용 재판 관여 의혹과 관련하여 국내 최대 로펌 김앤장을 대상으로 압수수색을 단행했다. 검찰 조사에 의해 양승태 대법원의 재판 지연 과정 등, 전 과정에서 김앤장이 깊숙이 관여한 사실이 드러났다. 무소불위의 김앤장이 아닐 수 없다. 박근혜 정부의 요청에 양승태 사법부가 주도적으로 나섰고, 일본 기업 측 소송 대리를 맡은 김앤장도 이 '사법농단'의 한 축을 담당했다.

청와대와 대법원 그리고 로펌이 강제징용 재판을 좌지우지한 것이다. 이번 '사법농단' 수사로 인해 서로 견제해야 할 정부와 사법부 그리고 대형로펌 등 거대 권력 간 부적절한 거래가 실제로 존재한다는 사실과 그 구조가 일부 드러났다. 청와대와 사법부, 재벌 등의 유착관계에 핵심 고리 역할을 하고 있는 김앤장은 단순히 돈이면 무슨 일이든 맡는 사악한 대형 로펌이 아니었다. 정의를 돈과 권력으로 사려는 힘 있는 자들의 욕망이 투사된 탐욕의 결정체였던 것이다. 권력 간의 노골적 유착이 국가 존립 근간인 국민의 사법부에 대한 신뢰를 뒤흔들었다. '김앤장의 민낯', 재판거래 의혹 규명에 성역이 있을 수 없다.권력의 오만과 불법에 대한 철저한 수사와 관련자 엄벌로 사법 정의를 바로 세워야 할 것이다.

2018. 12. 3

논평을 작성 하기전, 김앤장에서 일하는 친구가 생각났다.

사상 첫 '김앤장'압수수색..."재판 개입 증거 확보" 출처: YTN

상기의 기사를 카톡으로 보내며 친구에게 물었다.

잘 있지?
내가 논평을 써야 하는데...네가 생각나서

친구 왈: ㅋㅋㅋ 탈탈 털어 주삼
　　　ㅋㅋ나야 뭐 상관 있나ㅋㅋ
　　　일개 먼지 같은 직원일뿐 ㅎㅎ

직장 내 스트레스가 심한 모양이다.

문 대통령은 언제까지 조 수석(曺首席)을
조수석(助手席)에 앉혀 두려고 하는가?

사실상 조국 수석에 대한 유임의 조치가 이뤄졌다.

문재인 대통령이 특별감찰반의 비위 논란과 관련해 조국 수석 비서관의 거취에 변동이 없을 것이라고 시사한 것이다.

도대체 어쩌자는 건가?
눈에 뵈는 게 없는 정부다.

문 대통령은 조 수석에게 약점 잡힌 게 있는 것인가? 아니면 분별력을 잃었는가?

국민에게 '배째라'고 하는 격이 아닐 수 없다.

국민과 야당의 비판은 안중에도 없는 문 정권의 인식이 참으로 안타깝다.

문 대통령은 언제까지 조 수석(曹首席)을 조수석(助手席)에 앉혀 두려고 하는가?

'내 국민을 버리고', '내 사람만을 위한' 정치는 지금 당장 멈춰야 한다.

정치는 책임지는 것이다.

국민은 패거리 정치를 하라고 권력을 부여하지 않았다.
문 정권은 국민이 부여한 권력을 특정인을 두둔하며 사용하지 마라.

국민의 소리를 외면한 대가는 클 것이다.

문 대통령은 국민에게 신뢰받는 정권은 포기하고, 조 수석의 신뢰만 받기로 한 게 아니라면 균형감각을 찾아라.

내 식구에 대한 '무한 포용'이 아니라 '무한 책임'을 느끼는 대통령이 되길 진심으로 바란다.

2018. 12. 5

정치를 책임지라고 하니
조국을 책임지는 대통령.

덕분에
매일 매일이 조국이다.

57

듣고 싶지 않은 이름.

쓰고 싶지 않은 이름.

말하고 싶지 않은 이름.

조국.

오늘도 정론관에서

조국을 말하는 대변인의 비애

더불어한국당은 온몸으로 민주주의를 피어내는
손학규 대표의 단식이 부끄럽지 않은가?

바른미래당 손학규 대표가 국회의사당 냉돌 위에서 4일째 단식 중이다. 기득권 양당의 선거제도 개혁 동참을 촉구하기 위함이다.

손학규 대표는 여러 정치적 역경을 거쳐 왔다. 그 길은 독재와 정면으로 맞서 싸운 고난의 길이었다. 모든 청춘을 오직 민주주의에 바쳤다. 손 대표는 마지막까지 민주주의와 의회주의 발전을 위해 목숨을 바치겠는 생각으로 단식 중이다.

더불어한국당은 부끄럽지 않은가?

민주주의를 위한 선거제 개혁에 관심이 없는 기득권동맹 더불어한국당은 더 이상 역사의 죄인이 되지 마라.

양심이 있다면 손학규 대표의 진심에 답을 해야 할 것이다.

문재인 대통령께 호소한다.
국민의 뜻을 받들어 달라.
본인의 약속을 반드시 지켜 달라.

더불어민주당, 자유한국당 의원들께 호소한다.

양심 있는 결단 행동하는 양심을 보여 달라.

국민에게 호소한다.
우리 민주주의가 찬란하게 꽃 피울 수 있도록 힘을 모아 달라.
손학규 대표의 간절한 진심이 통하여 진정한 민주주의의 꽃이 필 것을 확신한다.

2018. 12. 9

손학규 대표님께서 단식을 선언하셨을 때 건강이 걱정 되어서 염려스러운 마음을 전했다. 그러나 곧, 부끄러운 나의 모습을 마주하게 됐다.

"단식은 내 몸을 상하게 하면서 타인을 각성하게 하는 것인데, 몸이 상하는 것은 당연하지. 걱정하지 마세요."

나는 희생해야 할 가치 앞에, 머뭇거리지 않고 나설 용기가 있는 사람인가?

여전히 자격미달이다.

잔꾀, 잔재주에 불과한 더불어민주당의 백의종군 행렬

더불어민주당에서 백의종군이 유행처럼 번지고 있다. 이재명 경기지사에 이어 김경수 경남지사도 "당을 위해 무죄가 입증될 때까지 모든 당직을 내려놓고 백의종군하겠다."고 밝혔다.

유유상종이라고 했는가?

정치적 고충을 겪을 때마다 응원 메시지를 보낸 두 지사의 백의종군행이 눈물겹다.

당연직 몇 자리 내려놓고 당분간 당원의 권리를 행사하지 않겠다는 정도를 백의종군이라니, 지나친 침소봉대가 아닐 수 없다.

그 속내를 들여다보면 징계를 피해보려는 목적의 잔꾀, 존재감을 드러내려는 잔재주일 뿐이다.

진짜 백의종군을 원하는가?

당직 내려놓고 백의종군이 아니라, 도 지사직 내려놓고 백번사죄가 답이다.

더 이상 '백의종군'의 뜻을 더럽히지 마라.

정부 여당의 도덕성에 치명상을 입힌 두 지사는 한가한 말장난이나 할 시간에 자신들이 연루된 사건에 대한 수사에 성실히 응해 진실을 규명하는데 협조해야 할 것이다.

2018. 12. 13

이재명의 도덕성이나 김경수의 양심이나, 볼썽사나운 것은 마찬가지다.

'백의종군'이라고 했는가?

두 사람의 구멍 난 양심에 '백기들다'

한국 경제는 '악화일로', 청와대 참모는 '금의환향'

문재인 대통령이 차관급 고위 공직자 16명의 인사를 단행했다.
청와대는 이번 인사에 경제 활력을 불어넣는 역동적 정부를 만들겠다는 의지가 담겨 있다고 자평했다.

국민은 아는데 아직도 청와대만 모르는 것인가?
사람이 문제가 아니라 소득주도성장 정책이 문제다.
정책 기조의 변화 없이 그 어떤 성과도 거둘 수 없다.

차관급 공직자 16명 인사 단행, 소득주도성장의 진로 수정이 아닌 강화를 선언하는 청와대의 오기(傲氣)일 뿐이다.

또한 정책실패의 책임이 있는 3명의 청와대 비서관 및 보좌관이 차관으로 금의환향했다.

모든 길은 로마로 통하고, 모든 낙하산은 청와대로 통하는 것인가?
승진이 아니라 대통령을 제대로 보좌하지 못한 책임을 물어야 할 상황이다.
국민의 생활이 갈수록 어려워지고 있다.

급격한 최저임금 인상 등 정부의 정책실패로 드러나고 있는 지금, 몇몇 차관
의 얼굴을 바꾸는 것만으로는 문제를 해결할 수 없다.

청와대와 정부의 변명과 핑계, 땜질식 미봉책에 진절머리 날 지경이다.
소득주도성장의 미몽(迷夢)에 빠진 청와대는 실패한 참모에 대한 미련(未練)
을 버려야 한다.

2018. 12. 14

내 주머니는 빈곤하고
문 정부는 세금으로 모든 것을 해결하려고 하는 듯하다.

이쯤 되니
청와대는 '세금주도성장'
국민은 '소득주도빈곤' 이 적합해 보인다.

경제는 결과로 국민에게 보여줘야 한다.

고집피울 일이 아니다.

이학재 의원 탈당 관련 단평(短評)

껍데기는 가라

신동엽

껍데기는 가라
4월도 알맹이만 남고
껍데기는 가라.

  ·

  ·

  ·

껍데기는 가라.
한라에서 백두까지
향그러운 흙가슴만 남고
그, 모오든 쇠붙이는 가라.

그리고
본래 자기 것이 아닌 것은 놓고 가라.

2018. 12. 18

66

jtbc 비하인드 스토리에서 논평이 소개됐다.

그런데 본래자기 것이 아닌 것(정보위원장 직)을
'알맹이'로 오역하여 소개했기에 바로 잡는다.

알맹이는 바른미래당을 지켰고, 지켜 갈 당원.
시간이 걸려도
함께 할 국민이다.

정보위원장직은
마땅히 내려놓고 가야 할 직위일 뿐이다.

생떼 부리는 민주평화당에 드리는 고언(苦言)

수저는 식당의 것이지만 고객이 잠시 사용하는 것이다.
수건은 목욕탕의 것이지만 고객이 잠시 사용하는 것이다.

나올 때는 놓고 나와야 한다.
가지고 나간다면 도둑이다.

정당 선택권은 개인에게 있다.
하지만 나갈 때 자기 것이 아닌 것은 놓고 나가야 한다.

민주평화당에 말한다.

비례대표는 유권자가 정당에 투표하여 선출되었다.
그렇게 당선된 비례대표가 소속 당을 떠나, 타 당에서 활동하는 것은 해당
행위를 넘어서 국민을 대놓고 속이는 행위다.

이해관계에 따라 민심을 어긋난 행위를 대놓고 조장하는 민주평화당이 선거법 개정을 논할 자격이 있는가?

민평당에서 활동하려면 3명의 비례대표는 배지를 놓고 나갔어야 한다.
바른미래당의 주장은 간명하다. 본인의 것이 아닌 것은 놓고 가라는 것이다.
남의 물건을 훔치는 것을 절도라고 한다. 가만히 있으면 중간이라도 간다.

2018. 12. 18

비례대표 국회의원의 당선이 무효가 되는 경우

-소속 정당의 합당·해산 또는 제명 외의 사유로 당적을 이탈·변경하거나 둘 이상의 당적을 가지고 있는 때.

양심불량 도둑님
무슨 생떼를 부리십니까?

뱃지를 챙기고 양심을 버릴 것인가?
뱃지를 버리고 양심을 챙길 것인가?

양심(탈당)을 선택할, 결기 있는 의원이 보고 싶다.

코카콜라 이미지만 훼손하는 홍준표, 무관심이 답이다.

반면교사와 타산지석의 '화룡점정 홍준표' 전 대표가 돌아왔다.
현실 정치의 복귀 무대로 선택한 본인의 유튜브 채널 'TV홍카콜라'에서 "바른미래당 같은 경우 제가 복귀하면 거기에 정치적으로 사망할 사람이 굉장히 많다"고 주장했다.

'망상주의자'가 되기로 한 것인가?
병원치료가 시급해 보인다.

그리고 "북한에 이어 두 번째로 현실정치 복귀를 비난하는 집단이 민주당·바른미래당·정의당, 이 사람들"이라고 했는가?

어디서 공개적으로 유언비어를 퍼트리는가?

지난 논평에서 밝혔듯, 바른미래당은 홍 전 대표의 복귀를 두 팔 벌려 환영한다.

'TV홍카콜라'는 가히 가짜뉴스와 막말로 점철된 막장 드라마 같은, 홍준표 전 대표 정치인생의 정수다.

하지만 안타깝게도 오래 보기는 힘들 것 같다.

홍 전 대표가 "'TV홍카콜라'는 사회적 흉기로 변한 일부 사이비언론을 한국 사회로부터 추방하는 데에 전력을 다할 것"이라고 셀프 추방선언을 했기 때문이다.

코카콜라 이미지만 훼손하는 홍준표, 무관심이 답이다.

2018. 12. 18

상호명 -홍카콜라
사장- 홍준표
메뉴- 가짜뉴스, 막말, 유언비어
·
·
누가 먹을까?

일취월장(日就月將)하는 청와대 대변인의 '입방정'

김의겸 청와대 대변인의 언사가 목불인견이다.

청와대 전 특별감찰반원 김태우 수사관의 폭로 내용을 보도하고 있는 매체를 향해 강한 불만을 표출하고, 급기야 "이제 더 이상 급이 맞지 않는 일은 하지 말자"고 한 것이다.

'문재인 정부의 유전자(DNA)' 타령할 때부터 그 가벼운 입은 알아봤다.

눈에 보이는 것이 없는 것인가?

어디서 급을 운운하는가?

일취월장(日就月將)하는 청와대 대변인의 '입방정'이 아닐 수 없다.

이어 김 대변인은 "김태우 수사관의 개별 폭로에 대해 더 이상 대응하지 않겠다"며 사실상 직무유기를 선언했다.

보도에 불만이 있다고 감정적으로 대응하는 것이 말이 되는 것인가?

'서열화'와 '갑질'에 솔선수범하는 청와대 대변인의 공로를 인정해, 문 대통령이 상이라도 줘야겠다. 대변인은 균형감각을 갖고 공식적인 자리에서 공식의견을 말해야 한다.

'격양된 감정'은 일기장에나 써라.

지금이라도 냉정과 품위를 지키는 청와대의 대변인이 되길 바란다.

2018. 12. 20

문재인 정부, 성공하기는 틀렸다.
어떤 (DNA)를 가져야 저런 비루한 발언을 할 수 있을까?
평범한 유전자를 가진 나.
바른미래당 대변인이 적합하다.

국민 위에 '군림'하는 더불어민주당 김정호 의원의 '배지' 사랑

(국민 위에 '군림'하는 배지) 이것이 너의 배지냐?
(국민을 '섬기는' 배지) 이것이 너의 배지냐?

김정호 의원 : 첫 번째 것이 저의 배지입니다~

현대판 금도끼 은도끼의 욕심쟁이 국회의원이 나타났다.

더불어민주당 김정호 의원이 공항에서 직원에게 고압적인 폭언을 했다는 언론의 보도가 나왔다.

공항직원이 신분증을 지갑에서 꺼내서 보여 달라고 요청하자, "내가 왜 꺼내야 하느냐"고 목소리를 높이고 보좌진에게 "야, 공사 사장한테 전화해!"라고 했다고 한다.

누가 김 의원에게 신분증을 제시하지 않을 권한을 주었는가?

상식이 통하지 않는 국회의원의 위엄이 그저 놀랍다.
얼마나 특권의식에 젖어 있으면 저런 반응이 나오는 것인지 묻고 싶다.

김 의원은 "현직 국회의원 신분을 밝혔고 (의원)배지도 달고 있었는데…(중략)…규정을 얘기하면서 신분증을 빼달라고 하기에 (시민을) 대표해서 항의한 것"이라고 했다.

함부로 시민을 대표해서 항의했다는 헛소리는 하지 마라.

자격 미달이다.

국회의원 배지를 달았고 국토위 의원인데, 신분증을 추가로 요구해서 화가 났다고 하는 편이 솔직하겠다.

국회의원의 배지는 국민 위에 군림하라고 준 것이 아니다.
국민이 생각하는 만큼의 상식에서 룰을 지키는 국회의원이 되라.
지금이라도 금도끼 은도끼의 정직한 나무꾼이 되길 바란다.

2018. 12. 22

논평을 쓰면서 수시로 동요집, 전래동화, 이솝우화를 살펴보며 아이디어를 얻는다.

공통점

권선징악.
사필귀정.
인과응보.
.

.

즐겨 읽으며, 자기검열의 시간을 갖는다.

김정호 의원도 시도해 보시길.

민정수석은 '맞을 짓'을 하면 안 되는 자리다.

"여기저기서 두들겨 맞겠지만 맞으며 가겠습니다."
 오기(傲氣)로 정치하는 조 수석의 발언이 유감이다.

누가 맞으라고 했나?
책임을 지라는 것이다.

말과 글과 행동이 다른 부끄러운 정면돌파가 아닐 수 없다.

민정수석은 '맞을 짓'을 하면 안되는 자리다.
국정운영은 실험의 대상이 될 수 없다.

능력과 양심이 부재한 조국

두들겨 맞겠다는 엉뚱한 소리는 멈추고 집으로 가라.

특감반 사태의 책임자인 조국 수석은 '정면돌파'가 아니라 '전면사퇴'가 필요해 보인다.

무능한 사람이 신념을 가지는 것은 재앙의 전조다.
더 이상 손가락으로 비겁한 변명을 늘어놓지 마라.
무능과 신념만 남은 문재인 정부의 결정체 '조국'을 그만 보고 싶다.

2018. 12. 24

왜 맞으려고 하는가?
그렇게 맞고 싶은가?

그래도 맞고 싶으면
조국 수석에게 전해주고 싶은 책이 있다.

두들겨 패줄 거야!

저자: 페르닐라 스탈펠트
출판사: 시금치 2014.06.05.

선거운동 기간이었다면 침을 뱉을 것인가? 삼킬 것인가?

자유한국당 민경욱 의원이 침을 뱉었다는 논란에 대해 "비염이 도져 코가 나와 돌아서서 침을 뱉었을 뿐 모욕할 의도는 없었다"고 말했다.

하필 그 순간에 비염이 도진 것인가?
핑계 댈 것을 핑계 대라.
몰염치의 변명이 아닐 수 없다.

기득권 양당 국회의원들의 갑질 논란이 이어지고 있다.

'공항 갑질 민주당', '침 뱉었다 자한당'

갑질의 '수위'도 변명의 '내용'도 상식 밖이다.

민주당이나 자한당이나 '국민무시'가 닮은 꼴이다.

민의원에게 묻겠다.

선거운동 기간이었다면 침을 뱉을 것인가? 삼킬 것인가?

국민을 우롱하지 마라.
도덕성이 결여된 모습에서 나온 행동일 뿐이다.

지금이라도 "순간 기분이 나빠서 경솔한 행동을 했다"고 말하는 것이 솔직하겠다.

2018. 12. 24

민경욱 의원님.
건강에 좋은 침은 의원님의 입속에 간직 하세요.

침의 기능

-면역적 방어를 돕는 윤활제 역할
-음식물을 부드럽게 하고, 효소분해로 소화작용
-맛이 느껴지는 중재
-혈액응고와 상처 치유기능

생각은 '짧고' 말은 '가볍고' 구설수만 '무성한'
더불어민주당 이해찬 대표

"정치권에서는 와서 말하는 것을 보면 저게 정상인가 싶을 정도로 그런 정신 장애인들이 많이 있다."

더불어민주당 이해찬 대표가 장애인위원회 행사에서 쏟은 배설 수준의 발언이다. 부적절한 언사가 하루 이틀은 아니지만 여당 대표의 발언이라고는 믿기 힘들다.

장애를 갖고 힘들게 살아가는 분들께 무슨 막말인가?

생각은 '짧고' 말은 '가볍고' 구설수만 '무성한' 더불어민주당 이해찬 대표가 아닐 수 없다.

(장애인을) 폄하할 의도는 전혀 없다고 했는가?

반복되는 실수는 실수가 아니다.

'삐뚤어진 인식'과 '삐뚤어진 성품'의 민낯이 여과 없이 드러났을 뿐이다.
 경륜과 품위는 없고 오직 '독한 입'만 남은 이 대표를 언제까지 봐야 하는
가?

막말을 일삼는 이 대표에게 국민을 생각하며 고민하는 모습은 찾아볼 수 없
다. 지금이라도 장애인과 그 가족에게 변명이 아닌 진심어린 사과를 해야 할
것이다. 정치권의 '수치(羞恥)의 표상'인 이해찬 대표는 당대표에서 물러나는
게 도리다.

민주당은 인권 감수성을 높이기 위한 훈련 좀 받아라.
끝으로 민주당과 당대표에게 민주당의 당헌을 선물한다.

제1장 제2조
더불어민주당은 공정하고 정의로운 사회, 생명을 보호하고 존중하는 안전
한 사회를 추구한다.

2018. 12. 29

내 언어의 한계들은 내 세계의 한계들을 뜻한다.- 비트겐슈타인

나는
오늘
이해찬 대표의 발언을 '무슨 언어'로 사용할 것인가?
참 어려운 일이다.

2018 국민을 화나게 한 인사들에게 수여하는 노벌(怒罰)상

바른미래당은 2018년 한 해 동안 국민이 혀를 차고 한숨짓게 만든 인사들을 선정하여 노벌(怒罰)상을 수여하고자 한다.

노벌상은 부적절한 언동으로 헤드라인을 장식한 인사들의 노고를 치하하고, 온 국민의 '반면교사'를 통한 사회 발전의 도모를 위해 제정되었다.

국민을 화나게(怒) 한 자를 벌한다(罰)는 의미를 가진 본 상은 정치, 경제 등 사회 여러 분야에 걸쳐 '국민 혈압상승'에 가장 크게 공헌한 인물을 공정한 심사과정을 통해 선정하였다.

각 분야의 수상자는 다음과 같다. 순서는 가나다 순 이다.

○ 노벌 경제학상
수상 : 문재인 대통령

'경제는 신념만으로 해결할 수 없다'는 경제학의 명제를 증명해낸 공이 인정되어 상을 수여하기로 결정했다.

수상자 문재인 대통령은 끝없이 '소득주도성장론'을 고수하며 실업률은 높이고 물가도 올리는 데에 일조했다.

분배 정책은 궤도에 올라서지 않아 양극화는 더욱 심각해졌고 경제성장률 등 주요 경제지표들은 곤두박질 신세를 면치 못했다. 또한 통계청장 경질로 '보고 싶은 것만 보는 경제론'의 틀을 마련하고 몇 가지 경제 지표만으로 "물 들어올 때 노 저어라"는 지시를 하는 등 경제학의 새 지표를 여는 데에 중추적 역할을 했다.

○ 노벌 고고학상
수상 : 이해찬 더불어민주당 당대표

고대의 유물 같은 시대착오적인 발언과 사고방식을 발굴해 현시대에 되살려 낸 공로로 선정되었다.

"내가 해봐서 아는데"로 시작하는 '왕년 화법'을 주로 사용하는 이 대표는 '혜경궁 김씨' 사건에 대한 당의 입장을 요구하는 기자의 질문에 "그만하라니까!"라며 신경질적으로 기자의 마이크를 밀쳐내는 구시대적인 행태를 보이는가 하면 베트남 경제 부총리를 만난 자리에서 "한국 남자들이 베트남 여성을 선호한다"는 발언으로 빈축을 샀으며 장애인 폄하발언까지 일삼았다. 모두가 잊고 있었던 '이해찬 세대'라는 말을 다시 떠오르게 해 국민적 향수를 불러일으킨 공로도 인정된다.

○ 노벌 기상학상
수상 : 탁현민 청와대 행정관

"첫눈이 오면 탁현민 선임행정관을 놔 주겠다"는 임종석 비서실장의 발언 이후로 오매불망 겨울이 오기만을, 첫눈이 내리기만을 기다리며 온 국민이 일기예보에 귀 기울이게 만든 공이 크다.

탁 행정관 선임 이후 각계각층이 여러 가지 문제를 지적해왔고 최근 선거법 위반 혐의로 벌금형을 선고받기도 했다. "최저임금 속도가 빠르냐"는 문 대통령의 질문이 화제가 되었던 고용노동부 공무원과의 간담회 도중 "퇴근 시간이 다 됐다"는 발언을 하기도 했다. 하지만 탁현민 행정관이야말로 물러날 시간이 다 됐다는 평가가 지배적이다.

○ 노벌 문학상
수상 : 드루킹

펜은 칼보다 강하고 키보드는 펜보다 강했다.

댓글 조작으로 민주주의의 근간을 뒤흔드는 중대 범죄를 저지른 '드루킹' 김동원 씨가 문학상의 영예를 차지했다.

그는 소수 의견을 다수 의견처럼 꾸며 민의를 왜곡해 한 줄의 글로 세상을 바꾸었다. 그를 조사한 특검은 "인터넷을 통해 모인 다수 여론은 선거결과나 정책에 중요하게 작용하기 때문에 또 다른 드루킹이 나타날 수 있는 만큼 엄중한 처벌이 필요하다"고 주장했다. 드루킹 김 씨는 "댓글 조작의 최대 수혜자는 문재인 대통령과 김경수 지사, 더불어민주당이었다"는 의미심장한 말을 남기기도 했다.

○ 노벌 법학상
수상 : 양승태 전 대법원장

'양승태 대법원' 시절 사법농단의 만행이 하나 둘 수면 위로 떠오르며 그 심각성이 충격을 넘어 경악에 이르는 지경이다.

양승태 전 대법원장에게는 사법부 독립의 중요성을 일깨우고 헌법 정신을 다시 한 번 돌아보게 한 공로가 인정되어 이 상을 수여하기로 결정했다.

양 전 원장은 대법원장으로 재직 중 법원행정처를 통해 일선 판사들에게 배정된 자금을 횡령하여 불이익을 주고, 박근혜 정부가 요구하는 주요 사건들에 대한 재판 결과를 박근혜 정부가 요구하는 것에 따라서 판결을 해주면서 재판거래를 했으며, 내부에 비자금까지 조성한 것으로 밝혀졌다.

○ 노벨 심리학상
수상 : 양진호 회장

"도대체 머릿속에 뭐가 들어있어 저러나?" 파도 파도 괴담만 나오는 엽기적인 행각으로 그의 뇌구조에 대해 전 국민이 심리학적 의구심을 가지게 양진호 회장에게 노벨 심리학상이 돌아갔다.

전현직 직원들에 대한 폭력을 동반한 갑질, 웹하드 카르텔을 통한 불법 영상 유통 방조, 마약 혐의뿐 아니라 직원의 손톱과 피를 모아 제사 지내고 금괴를 찾는 등 기상천외한 행각으로 충격을 주었다.

○ 노벨 일어문학상
 수상 : 이은재 자유한국당 국회의원

 멀고도 가까운 이웃인 일본어의 향취를 국민에게 전달한 공로가 높이 평가되어 선정되었다.

'겐세이', '야지' 등 일본식 표현을 애용해 물의를 빚었던 이 의원은 국회에서 열린 예산결산특별위원회 예산안조정소위에서 '분배'를 뜻하는 '분빠이'라는 단어를 구사해 화제가 되었다. 이은재 의원의 발언을 접하고 마치 당구장에 있는 것 같은 착각을 느낀 사람도 있다고 전해진다. "사퇴하세욧" 발언 이후로도 꾸준한 활동을 펼치는 이 의원의 열정이 선정 과정에도 크게 반영된 것으로 알려졌다.

○ 노벌 정치학상
수상 : 임종석 청와대 비서실장

수많은 정치학 분야 중 '자기 정치학'에서 걸출한 성과를 낸 공로가 인정되어 수상하게 되었다.
대통령의 유럽 순방 당시 임 실장은 지뢰제거작업 확인 차 비무장지대를 방문하며 선글라스를 착용하여 주연 배우로서 입지를 다졌다. 또 당시 방문을 촬영한 영상을 사후에 공개하면서 더빙을 해 다재다능한 면모를 보이기도 했는데 해당 영상에 군사 보안 정보가 노출돼 있다는 사실이 확인되어 빗발치는 비난을 면할 수 없었다.

○ 노벌 조류생태학상
수상 : 이학재 자유한국당 국회의원

자유한국당에 복당한 이학재 국회의원이 선정되었다. 계절의 흐름에 따라 월동지와 번식지를 오가는 철새의 이동을 온몸으로 보여준 공로가 인정되었다.
특히 원내교섭단체의 몫으로 배정된 상임위원장 자리를 가지고 떠나는 전례 없는 행태로 학계의 이목을 집중시켰다. 이 의원은 "단 한 차례도 당적 변경으로 인해 위원장직을 내려놓으라든지 사퇴했다든지 했던 사례가 전혀 없다"고 주장했으나 당적 변경으로 국회 상임위원장을 사임한 경우는 19대 국회에서만 두 번 있었던 것으로 확인되어 거짓말쟁이의 타이틀도 거머쥐었다.

○ 노벌 종교학상
수상 : 홍준표 유튜버

종교학상은 스스로 창시하고 혼자만 믿는 새로운 종교 '홍준표 교'를 창시한 홍준표 유튜버에게 돌아가게 됐다.
특히 최근 개설한 유튜브 'TV홍카콜라'채널은 가히 가짜 뉴스와 막말로 점철된 막장 드라마 같은 홍준표 정치인생의 정수라 할 수 있을 것이다.
홍 유튜버의 자신에 대한 맹목적 믿음과 세상의 중심은 본인이라는 큰 착각은 신앙의 새로운 경지를 창조해냈다는 평가를 받기에 부족함이 없었다. 대한민국의 종교의 자유와 '착각은 자유'라는 사회적 합의를 가장 잘 누리고 있는 국민이라는 것이 학계의 정설이다.

○ 노벌 평화상
수상 : 조국 민정수석

서로 못 잡아먹어서 안달인 정당들이 조국 민정수석으로 인해 "사퇴하라"고 합창하는 놀라운 광경을 보여주었다. 한 순간만이라도 국회에 평화를 가져온 것은 거의 기적이라고 할 만하다. 더불어민주당 당내 일각에서조차 "조 수석의 책임론이 나올 때마다 당에 부담이 가는 건 사실"이라는 말이 터져 나올 지경이다. 조국 민정수석은 정부 각 부처의 인사 참사는 물론이요 기강해이로 시작해 민간인 사찰 논란까지 불거진 청와대 특별감찰반 사태의 책임자이다. 오랜 침묵을 끝내고 국회 운영위원회에 출석한 만큼 그 발언 내용에 대해 기대가 크다.

○ 노벌 화학상
 수상 : 이재명 경기도지사, 김혜경 씨

 화학상 외의 다른 많은 분야에서도 후보에 오른 이재명 지사와 그에 못지 않은 아내 김혜경 씨가 보여준 케미(Chemistry)가 다른 분자들의 귀감이 되어 수상자로 선정되었다.
올 한해 여러 스캔들로 쉴 틈 없이 화제를 몰고 다녔던 이 지사의 '친형 정신 병원 강제 입원' 의혹을 부인인 김씨가 '혜경궁 김씨' 의혹으로 덮어주는 환 상의 팀워크를 보여주었다.
부창부수라는 한자성어의 현신이라는 찬사가 아깝지 않을 정도의 활약이었 다. 올 한 해도 이미 화려하게 장식했지만 앞으로의 귀추가 더 주목되는 커 플이다.

2018. 12. 31

노벌(怒罰)상에 자신의 이름이 없다고 서운해 하지 말자.

분발하시라!

2019년도 노벌(怒罰)상이 기다린다.

기자님들이 손꼽은 대변인상을 받고 싶다.
나도.

'담배 피우다' 문서를 분실했다면
'담배 한 갑 피우면' 나라를 거덜 내겠다.

재작년 9월 장성급 인사 실무 업무를 담당한 청와대 행정관이 군 인사에 필요한 세부자료를 담배를 피우다 분실한 사실이 언론에 보도되었다.

명불허전의 청와대다.

상식적으로 잠깐 담배를 피우기 위해서 차에서 내리면서 기밀서류 가방을 가지고 내리는 게 말이 되는가?

선무당 정권이 아닐 수 없다.

'담배 피우다' 문서를 분실했다면 '담배 한 갑 피우면' 나라를 거덜 내겠다.

'폭행'하고, '음주운전'하고, '보안문서' 분실하고

참으로 무결점의 청와대다.

이에 대해 청와대는 "기밀문서가 아니었다."는 변명만 되풀이하고 있다.

맨날 무슨 변명이 그렇게 많은가?

애초에 청와대 밖으로 나가서는 안 될 문서였다.

문 정부는 국정 수행 능력이 없다는 것을 언제까지 도처에서 드러낼 것인가?

새해를 맞아 청와대에게 한 마디 하겠다.

집권 3년차다.

국정을 운영할 '깜냥'이 되길 바란다.

2019. 1. 4

깜냥은 없고, 속깜냥만 있는 것인가?

무능한 청와대에

국민의 속이 탄다.

* 깜냥- 스스로 일을 헤아림. 또는 헤아릴 수 있는 능력.
* 속깜냥- 어떤 일을 해낼 만한 능력이 있다고 생각하는 것.

무능은 팩트, 위선은 일상, 거짓말은 현재 진행형인 문 정부

문재인 대통령의 대선 공약이었던 '대통령 집무실 광화문 이전'이 사실상 백지화됐다.

'말만 번지르르' 정권이 아닐 수 없다.

청와대 영빈관·본관·헬기장 등 집무실 이외 주요기능 대체 부지를 광화문에서 찾을 수 없다는 이유다.

문 정부의 공약은, 선거 때만 말이 되는 공약인가?

이래서 안 되고, 저래서 안 되는 것을 공약으로 내걸었던 것인지 묻지 않을 수 없다.

무능은 팩트, 위선은 일상, 거짓말은 현재 진행형인 문 정부다.

유홍준 광화문 대통령시대 위원회 자문위원은 "문 대통령이 공약을 발표할 때는 실무적 검토를 했다기보다는 소통 강화라는 이념적 취지였던 것 같다" 고 밝혔다.

감쌀 수 있는 것을 감싸라.
표만 얻으면 된다는 생각에 국민을 상대로 속임수를 썼다고 말하는 편이 낫 겠다. 더 이상 즉흥적인 포퓰리즘에 근거한 약속은 남발하지 마라.

준비 안 된 문 정부를 바라보는 국민의 피로감이 높다.

끝으로 현실성 없는 거짓 공약으로 국민을 우롱한 문 정부는 국민께 사죄해 야 할 것이다.

2019. 1. 5

처음부터 이럴 줄 알았다.

'빌 공'자, 공약(空約)

행정관은 '오라 가라', 청와대는 '오락가락'

행정관이 오라고 하니 육군참모총장이 달려간다.
비상식적인 일들이 하루가 멀다 하고 청와대에서 일어나고 있다.

담배 피우다 기밀서류를 분실해 면직된 청와대 행정관이 청와대에 파견된
육군 대령인 심모 행정관을 대동하고 사고 당일 육군참모총장을 만났다고
한다.

참모총장 위에 행정관이다.

'청와대 정부'가 얼마나 권위적이며 기강이 해이한지 보여주는 단적인 사례
가 아닐 수 없다.

행정관의 말 한마디에 참모총장이 휴일에 쪼르르 달려가는 게 말이 되는
가?

참으로 부지런한 총장이다.

장성급 인사 절차가 진행되던 시기에 참모총장과 청와대 인사수석실 행정관이 사전에 비공식 회의를 카페에서 가진 진짜 이유가 무엇인가?

말 못할 속사정이라도 있는 것인지 묻고 싶다.

청와대 행정관이 '의욕적으로 일을 하는 과정'에서 육군 참모총장을 만났다고 한 청와대에 묻겠다.

그럼 서류도 담배 피우다가 '의욕적'으로 잃어버린 것인가?

제발 말이 되는 소리를 해라.
국방과 안보는 군사적 흥망성쇠가 걸린 중대한 문제다.

비정상적인 일도 '의욕적'으로 하면 '행정'이라고 억지 부리는 청와대다.

행정관은 '오라 가라', 청와대는 '오락가락'이다.

청와대에 있는 사람들에게 한마디 하겠다.

앞으로 너무 의욕적으로 일하지 마라.
큰.일.나.겠.다.

2019. 1. 7

이게 가능한 일인가?

문정부에서
'상상 그 이상의 기대를 원할 때'

무조건
'의욕적'으로 일하자.

모조건
'실망적'겠지만.

국격 분쇄기, 김의겸 대변인의 궤변

"4급 행정관이든 인사수석이든 똑같이 대통령의 지침을 받아 수행하는 비서", "행정관이 참모총장을 못 만날 이유는 없다고 본다."

국격 분쇄기, 김의겸 대변인의 궤변이다.
막 나가는 청와대, '미안하다. 앞으로 잘하겠다.'는 한 마디가 그렇게 어려운가?

지긋지긋한 청와대의 변명이 아닐 수 없다.
수준 이하인 청와대 보기가 부끄럽다.
저번에는 급 타령 하더니, 이번에는 급이 상관없다고 하는 것인지 묻고 싶다.

그렇게 따진다면 정상회담 때 김 대변인이 김정은 위원장을 만나면 되겠다.
이번 일은 변명의 여지가 없는 것이다.

해명도 사리에 맞게 해라.
공무는 그에 맞는 합당한 절차와 의전이 있다.

절차, 권위, 품격이 전무한 청와대다.
청와대는 행정관이 모든 일을 다 하기로 한 것인가?
이번 기회에 수석과 비서관은 모두 없애라.

세금 아깝다.

2019. 1. 7

가벼운 언사의 표상이 된 김의겸

공보실에 있는 '서류분쇄기'를 보며
문득 떠올랐다.

국격을 부스러뜨리는 기계와 같은 김의겸 대변인이라고.

이제
서류분쇄기를 보면 국격분쇄기 김의겸 대변인이 떠오르겠다.

직업병이다.

나라는 '난국', 황교안 전 총리의 인식은 '망국'

황교안 전 국무총리가 자유한국당 입당식을 가지고 "지금 대한민국엔 미래가 보이지 않는다"고 평가한 뒤 "통합의 정신으로 갈등을 해소 하겠다"고 발언했다.

과거로 회귀하려는 사람이 '미래를 논하는 꼴'이다.
갈등을 부추기는 사람이 '통합을 논하는 꼴'이다.

황 전 총리는 나라의 근간을 무너뜨리고 국가 혼란을 불러온 당사자 가운데 한 명이다.

무슨 명분으로 입당하는가?

황 전 총리는 대한민국 최초 '비선실세 정부의 총리'였다.
기회주의자의 전형일 뿐이다.

최소한의 염치는 챙겨라.
진정한 반성과 사과 없이는 그저 '친박 아이돌'로 만족해야 할 것이다.

"나라 상황이 총체적 난국"이라고 말한 황 전 총리에게 묻겠다.

전 정권의 총체적 난국에 한 몫 한 사람 아닌가?

나라는 '난국', 황 전 총리의 인식은 '망국'이다.

이번 기회에 황 전 총리에게 개명을 권한다.
황교안보다 황교만이 자신의 정체성에 부합해 보인다.

2019. 1. 15

황교안.

갈등을 해소할까?
갈등을 부추길까?

지켜보자.

'도덕적 파산'을 맞은 민주당의 '개과천선'을 빈다.

더불어민주당이 도덕적 파산에 이르렀다.

검찰에 따르면 서영교 의원이 자신의 의원실로 당시 부장판사를 불러 지인의 아들이 저지른 잘못에 대한 감형을 요구하는 재판청탁을 했다고 한다.

사법농단을 '조사'하니, 민주당 의원이 '나오는' 현실이다.

요즘은 일만 터지면 청와대와 민주당이다.

서 의원은 자신의 지위를 이용해서 사법부에 영향력을 행사하려고 한 것인가? 사법 농단이 따로 있는 것이 아니다.

구태도 이런 구태가 없다.

김정호 의원의 공항 갑질, 손혜원 의원의 부동산 투기 등 더불어민주당의 도덕적 결함이 계속 드러나고 있다.

특권과 반칙으로, 할 수 있는 온갖 지저분한 악행은 민주당이 솔선수범하기로 한 것인가?

가식과 변명도 이제는 지긋지긋하다.
정치 혐오감만 조장하는 여당은 적폐 청산을 목표로 삼을 자격이 없다.
제 눈의 들보부터 해결하라. 민주당은 사건을 은폐·축소할 생각 말고, 진상 규명과 진심어린 사과 그리고 강한 징계 등의 적절한 조치를 취해야 한다.

민주당의 자성을 촉구한다.

더불어
꼭! 개과천선도 하길 바란다.

2019. 1. 16

해당 논평이 나가고 논평 (당사자)의 반응- (여당편)

-고래고래 소리를 지른다.
-사실관계를 파악해서 논평을 쓰라고 엄포를 놓는다.

참으로 안하무인이다.
다음에 걸리면 더 독하게 논평을 쓰기로 마음먹는다.

른 주제로 나간 논평의 주인공 반응(야당편)

-살살 좀 다뤄주세요!

나도 사람이다.
위선보다 인간적인 게 낫다.
다음에 걸리면 살살 다뤄서 써야겠다.

손혜원 의원의 마음속에 있는 것은
도심(都心)인가? 도심(盜心)인가?

더불어민주당 손혜원 의원 주변인들의 목포 부동산에 대한 의혹이 확산되고 있다. 바람잘 날 없는 손혜원 의원이다.

손 의원의 부동산 매입은 권력자가 재산을 불리는 전형적인 행태다.

손혜원 의원은 문화재 지정과 관련한 정보를 누구보다 빨리 알 수 있고 영향력을 행사할 수 있는 국회 문체위 여당간사다.

이권 개입이 가능한 위치에 있는 공직자는 오히려 누가 사라고 권유해도 뿌리쳐야 했었다.

이쯤 되면 '국민기만'이 일상이 된 사람이다.

"투기는커녕 사재를 털어 친인척이라도 끌어들여서 목포 구도심을 살려보려고 했다."고 반박했는가?

아홉 채의 집을 사서 구도심(9都心)인가?
갈수록 태산, 변명도 태산이다.

손혜원 의원의 남다른 도심(盜心)사랑이다.

투자 유치를 어떻게 할지, 정책과 시스템을 어떻게 바꿀지 생각해야지 주변
인을 통해 사재기를 하는 게 말이 되는 것인지 묻고 싶다.

손혜원 의원의 마음속에 있는 것은 도심(都心)인가? 도심(盜心)인가?

제발 국민의 상식선에서만 행동하라.

진정 문화재를 사랑하는 마음이었나?

이번 기회에 전 재산 기부해라.
그 마음, 믿어주겠다.

2019. 1. 16

도심(盜心)도 도심(都心)도 관심 없다.
눈앞에 놓인 관리비를 보며
불로소득자가 되기로 다짐해본다.

다음 생에, 가능할까?

109

손탐대실(孫貪大失)

무려 20건.

하룻밤 새에 손혜원 의원 주위 사람들의 목포 부동산이 20건으로 불어났다. 모두 다른 사람의 명의다.

국민우롱의 화룡점정이 아닐 수 없다.

또한 손 의원은 언론의 보도에 따르면 피감기관인 국립박물관에 특정인의 인사 문제를 꾸준히 거론했다고 한다.

권력을 사적 용도로 남용한 사안으로, 심각한 도덕적 결함을 드러낸 것이다.

이쯤 되니 뻔뻔하다 못해 잡스럽다.

그런데 민주당은 "손혜원 의원의 해명을 존중"한다며 아무 조치를 취하지 않기로 했다.

국민은 다 아는데, 민주당만 사안의 심각성을 모르는가?

썩을 대로 썩은 당, 덮을 것을 덮어라!
민주당은 손혜원을 얻고, 국민을 잃었다.

손탐대실(孫貪大失)이다.

청와대 권력은 손혜원의 화수분, 손혜원은 민주당의 자양분인가?

'무능'에 '부패'까지 더해 보겠다는 헌정사상 최악의 몰염치 민주당이다.

내일은
또
몇 채가
더 나오는 것인가?

2019. 1. 18

20 채라니!
대단한 실력자다.

한 채도 없다.
한 채는 언제 쯤?

상대적 박탈감이 심한 하루, 밥맛이 없다.

대통령은 손탐(孫貪)
나는 한탄(恨歎)

깔 것만 까기'에도 바쁜데 눈치 없는 색깔론으로
끼어드는 홍준표 전 대표

홍준표 전 대표가 손혜원 의원이 "'더불어민주당'의 '더불어'를 김일성 회고록 '세기와 더불어'에서 따온 것 아니냐"는 의혹을 제기했다.

우리말을 누가 쓰든 무슨 상관인가?
생각이 '오물 덩어리'다.

연일 손 의원의 권력 남용 행적이 드러나고 있다.
하루가 멀다 하고 각종 의혹이 터져 나온다.

'깔 것만 까기'에도 시간이 부족한데 홍 전 대표는 색깔론을 들이밀며 물타기에 나섰다.

누구를 위한 색깔론인가?

혹시 황교안 전 총리가 본인보다 화제가 되어 조바심이 생긴 것인지 묻고 싶다. 낡은 수작일 뿐이다.

그렇다면 홍준표의 '홍' 은 공산 혁명을 상징하는 붉은 깃발에서 따온 것인가?

견강부회식, 억지로 껴 맞춘 색깔론을 주장하려면 먼저 홍준표 전 대표 본인의 '새빨간 성씨'부터 해명하고 시작해라.

덧붙인다.
스스로 웃음거리가 되지마라.

2019. 1. 19

'더불어'를 생각하며

우리는 더불어 사는 법을 배우지 못했다.

사람들은 "더불어 살면서 자신에게 득이 되는 사회"를 원하지,
"더불어 살면서 나에게 조금이라도 해가 되는 사회"를 원하지 않는다.

촌철살인이다.

- 출처불명의 페북 글 인용

손혜원, '잡아떼기'가 명수급 '변명'은 역대급

온갖 의혹의 극치인 더불어민주당 손혜원 의원이 기자회견을 하며 탈당을 선언했다. 탈당으로 끝내겠다는 뻔뻔하고 오만한 민낯이 부끄럽다.

의원직 사퇴가 답이다.

최소 29곳이라는데 대체 무슨 변명이 필요한가?
썩은 내가 진동한다.

변명과 선동의 기자회견일 뿐이다.
결백을 주장했는가?
결함 많은 국회의원 부적격자일 뿐이다.

문화계에 영향력을 미쳤다면 긍정적인 영향력을 미쳤을 것이라고 했는가?
삐뚤어진 생각이 막장이 아닐 수 없다.

집권당의 오만함이다.
'잡아떼기'가 명수급, '변명'은 역대급이다.

국민은 바보가 아니다.
이쯤 되니 현 정부가 얼마나 지저분한지 알 수 있다.
허우적대는 민주당에 덧붙인다.

정치인의 기본은 진실한 성품이다.
여론을 제대로 파악하기 바란다.

의원직 사퇴가 여론이다.

2019. 1. 20

논평 제목으로 ~급, ~급으로 맞춰서 쓰고 싶은데
계속 '명수급'과 '최고봉'만 떠올랐다.

혼자 고뇌의 시간을 보내고 있는 찰나.
함께 사는 짝꿍께서 "역대급 어때"라며 제안했다.

그렇게 만들어진
'잡아떼기'가 명수급, '변명'은 역대급.
짝꿍이 역대급으로 잘한 일 같다.

'국고만 축내는 친문(親文)사랑', 유감이다

문재인 대통령이 외교특별보좌관에 임종석 전 대통령 비서실장을 위촉했다. 회전문 인사의 '끝판왕'이다.

임종석 전 비서실장은 12일 휴가를 받았던 것인가?
국민 우롱이다.

떠나겠다는 사람도 붙잡고 간 사람도 다시 불러 써야 할 지경까지 온 것인지 묻고 싶다.

답도 없고, 인물도 없는 정부다.
임종석 전 비서실장은 언제부터 중동의 전문가였는가?

임 전 비서실장에 대한 사랑이 차고 넘친다.
인사의 한계, 문재인 대통령의 한계다.

문 정부는 각계 전문가와 권위자는 안중에도 없는 모양이다.

임 전 비서관은 외교부장관 위에 있는 상전일 뿐이다.

지긋지긋하다.

능력 위주의 적임자를 찾아라.

문재인 대통령은 국민의 목소리는 들리지 않는가?

'국고만 축내는 친문(親文)사랑', 이제 끝내기 바란다.

2019. 1. 22

감정을 정제하며 논평을 작성해야 하는데, 사실 잘 안 될 때가 있다.

청와대 관련한 뉴스를 접할 때는 더욱 그렇다.

탕평인사는 사라지고,
내 사람만 기용하겠다는 문재인 대통령.

사람이 없는 것인가?
내 사람이 없는 것인가?

지금이라도
'적폐적소'의 인사를 찾지 말고
'적재적소'의 인사를 찾아라.

읍참혜원(泣斬惠園)

"평생을 살면서 내 이익 위해 한 번도 남을 움직인 적 없다"
손혜원 의원이 목포에서 열린 기자간담회에서 한 발언이다.
남다른 '사고방식'이요, 남다른 '대응방식'이다.

목포까지 가서 새로울 것 없는 변명만 반복한 것인가?
기자회견이 아니고 기자소집이다.

사적인 이익을 위해 공직 윤리를 내던진 것이 드러났는데도 여전히 당당하다.

기본도 안되는가?
오만방자의 끝이다.

그 변명의 내용도 무조건 믿으라고만 하는 사이비 종교와 다를 바가 없다.
한마디로 노답(NO答)이다.

문재인 정권에 만연한 청와대와 여당의 권력 남용을 근절하기 위해서라도 특검과 국정조사가 시급하다.
정부와 여당은 문재인 정부의 공직기강 확립을 원하는가?

읍참혜원(泣斬惠園)으로부터 시작하라.

읍참마속(泣斬馬謖)

-울면서 마속의 목을 벰
공정한 업무 처리와 법 적용을 위해 사사로운 정을 포기함.

읍참혜원(泣斬惠園)이 딱 어울리는 표현이라고 생각했다.

곧
읍참경수
읍참재명
읍참조국
읍참준표
읍참경원
도 필요할 것 같다.

예타면제 아니고 옛다!면제?

정부는 예비타당성조사(이하 예타) 면제 대상 사업을 내일 공개한다.

예타 면제를 요청한 총 33건 사업의 규모를 합친 총액은 무려 61조2500억원에 달한다.

설마 예타면제를 옛다!면제로 생각하는 것인가?
정도껏 해라.
한숨만 나오는 정부다.

4대강 사업 이후, 가장 성급한 대형 토목개발이 예고 되고 있다.

이명박 정부를 토건 정부, 삽질 정부라고 몰아 부치더니 뭐 하자는 것인지 묻고 싶다.

앞으로 전 정권 욕하지 마라.

이미 선을 넘어섰다.

'토목 행정 안 하겠다'는 공약까지 뒤집으면서 선심 행정을 펼치려는 진짜 이유가 무엇인가?

총선을 대비해 여당의 선거운동을 하겠다는 셈인가?
혈세 풀어서 표 사는 답 없는 정부다.
선심성 예산은 대한민국과 국민들을 병들게 한다.
지역갈등을 부추기고 국가 재정의 발목을 잡게 될 졸속 예타 면제는 전면 재검토가 마땅하다.

예타는 선심성 지역 개발 정책을 막는 마지막 안전장치이다.

중앙정부의 역할을 포기하지 말라.

2019. 1. 28

논평 제목이 잘 떠오르지 않으면 혼잣말로 중얼거리는 편이다.

예비타당성조사면제
에비타당성조사면제
.
.

정부는 예비타당성조사 면제를 공짜라고 생각하는 것인가?

그래~

옜다! 면제

그렇게 해서 논평 제목이 완성됐다.

예타면제 아니고 옜다!면제?

대변인을 하는 동안 얼마나 더 중얼거려야 하는 것인가?

김현철과 '달(님)의 몰락'

김현철 보좌관이 "저의 발언으로 인해 마음이 상하신 모든 분께 깊이 사과 드린다"고 말했다.

아직도 핵심을 파악하지 못한 것인가?

김 보좌관을 향한 국민의 비난은 단순한 감정의 문제가 아니다.
'국민이 문재인 정부를 신뢰할 수 있는가?'에 대한 문제제기다.

경제 실패에도 이념적 고집을 유지하는 청와대의 행태에 비추어보면 '나라 가 싫으면 국민이 떠나라'는 보좌관의 언사는 개인의 실언을 넘어섰다.

남 탓만 반복하다 이제 국민 탓까지 하려는 문재인 정부의 내심이 드러났다.

문재인 정부의 무능·무례·무책임은 김현철 보좌관만의 잘못이라고 보기 어렵다.

'무지몽매'한 경제 보좌관과 '무용지물'인 청와대다.

김현철 보좌관의 사퇴와 문재인 대통령의 사과를 촉구한다.

가수 김현철은 대표곡 '달의 몰락'으로 인기가수의 반열에 올랐다.

청와대 보좌관 김현철이 계속 직을 유지하게 된다면 문재인 대통령의 별명인 '달님의 몰락'을 목도하게 될 것이다.

2019. 1. 29

이 논평을 읽는다면

김현철 가수가 싫어할까?
문재인 대통령이 싫어할까?

한참을 생각했다.

'민주주의 파괴자' 김경수, 이제 시작이다.

김경수 경남도지사에게 징역 2년의 실형이 선고됐다.

'일탈한 정치인'에 내려진 당연한 판결이다.

'불법여론조작 사건'은 여론을 왜곡해 민주주의 선거제도를 공격한 '질 나쁜 선거범죄'다.

2년 선고라고 했는가?
10년도 부족하다.

김 지사는 '민주주의 파괴자'다.

앞에서는 '정의'를, 뒤에서는 '조작'을
김 도지사는 드루킹을 처음에 모른다고 잡아떼던 사람 아닌가?

입만 열면 '둘러대기, 말 바꾸기'가 특기다.
증거는 차고 넘쳤다.

'거짓 덩어리' 김 지사는 부끄러움을 알고 사퇴하라.
'여론조작 기술자'를 그만 보고 싶다.

이제 시작이다.
김경수의 '진짜 배후'를 밝혀라.
검찰은 철저한 수사로 불법여론조작사건의 실체적 진실을 규명해라.

불법여론조작사건에 '관용'과 '성역'이 있을 수 없다.

2019. 1. 30

일탈 정치인 아닌 유능한 정치인

민주주의 파괴자 아닌 민주주의 수호자

거짓 덩어리 아닌 진실 덩어리

그런 정치인이 되기로 다짐한다.

바둑이 하나로 끝날 사안이 아니다.

법정 구속된 김경수 지사를 둘러싸고 더불어민주당의 행태가 점입가경이다. 명색이 집권여당으로서 명백한 불법행위를 비호할 생각인가?

'우정놀이'를 그만둬라.

민주당의 '부패의 탑'이 무너졌다.
김경수는 빙산의 일각이다.

'오점투성'인 민주당이다.

민주당은 양승태 전 대법원장과의 특수관계를 언급했는가?

묻겠다.
김경수 지사는 누구와 특수관계에 있는가?

판사는 판결로써 말할 뿐이다.
민주당은 김경수 지사를 경남지사 후보로 공천해 경남도민을 농락했다.
반성과 사과가 도리다.

김 지사는 "빠른 시간 내에 이 판결을 바로잡겠다."고 했는가?

죄질이 극히 불량하다.
자신의 양심부터 바로 잡아라.

도민을 위하는 지름길은 단 하나
'사퇴'다.

문재인 대통령도 자유로울 수 없다.

대국민사과와 민주주의 유린행위 재발방지를 위한 강도 높은 조치를 취하라.

바둑이 하나로 끝날 사안이 아니다.

2019. 1. 31

'바둑이'를 거론했다는 이유로 동생들로부터 비난 받았던 논평이다.

왜 사랑스러운 바둑이를 김경수 지사에게 빗대어 표현했냐고 말하는
동생들(참고로 여동생 둘이, 반려견 까미와 랑이를 키운다)

드루킹 여론조작 사건의 중심에 있는 드루킹이, 김경수 경남지사를 '바둑이'라고 불
렀다는 것을 적극적으로 해명했다.

바둑이를 사랑하는 드루킹.
바둑이를 사랑하는 여동생.

바둑이를 해명하는 나.

홍준표, 병원 갈 때가 됐다.

'가벼움과 천박함'의 표상인 홍준표 전 자유한국당 대표가 전직 대통령의 석방 운동을 선동하고 있다. 어떻게 사람이 발전이 없는가?
갈수록 가관이다.

친박표 얻으려고 석방 운운하는 것인가?
'사기성 헛소리'는 집어치워라.

죄가 없는데 구속됐다는 것인지 묻지 않을 수 없다.

"춘향인 줄 알고 뽑았더니 향단 이었다"며 "탄핵 당해도 싸다"고 말한 장본인이다.

'조변석개하는 정치인'에 불과하다.
표가 급해도 할 말, 못 할 말이 있다.

정치적 이해득실에 사법부의 판단을 연결하는 사람은 리더의 자격이 없다.

판단력이 흐려진지 오래다.
더 이상 삼권분립을 훼손하지 마라.

"이명박·박근혜 석방할 때가 왔다."가 아니고 홍준표, 병원 갈 때가 됐다.

국민의 인내심에도 한계가 있다.

설날이다.
조용히 좀 보내자.

2019. 2. 4

덕담을 주고받는 설날.

영화는 '극한직업'이 접수하고
정치는 '홍준표'가 접수 할 모양이다.

지금까지 이런 맛은 없었다. (극한 직업 명대사)
지금까지 이런 정치인은 없었다. (홍준표를 바라보는 국민)

극한직업과 홍준표가 엉뚱하게 닮았다.

김경수 도지사의 옥중(獄中)사랑, 반성문부터 써라.

"대통령을 잘 지켜달라."

김경수 경남도지사의 대통령을 향한 옥중(獄中) 사랑이 눈물겹다.

본인도 지키지 못하면서 누구를 지키겠다는 것인가?
'댓글 공동체'라 애틋한 것인지 묻고 싶다.

민주주의의 꽃은 선거, 불법여론조작의 꽃은 김경수다.

국민이 아니고 대통령을 지켜달라고 하는 것이 말이 되는 것인가?
참으로 비상식적이다.

구속된 이유를 망각한 모양이다.
구제불능의 끝이다.

기동민 의원은 김 지사가 결이 곧고 정직한 인품이라고 했는가?

실소를 금할 수 없다.

민주주의의 파괴자에게 과찬이다.

'감옥으로부터의 사색'을 펼쳐 들었다고 했나?

반성문부터 써라.

역사의 심판은 이제 시작이다.

2019. 2. 8

기동민 의원에 의하면

김경수 지사가 '윤동주 시집'과 신영복 선생의 '감옥으로부터의 사색', 두 권의 책을 차분히 펼쳐들며, '대통령을 잘 지켜달라고' 당부의 말을 남겼다고 한다.

양심파괴자의 민낯이 위선적이다.

민주주의를 파괴해 놓고, 반성은커녕 고고한 척하는 이중성에 치가 떨린다.

윤동주의 시집을 들었다고 했나?

'참회록'부터 읽으시길

오만방자한당, 궤변, 선동, 왜곡의 일상화

자유한국당의 김진태 의원, 이종명 의원, 김순례 의원, 그리고 지만원
5·18 민주화운동에 대한 망언으로 역사에 기록 될 인물이다.
"전두환은 영웅", "광주 폭동, "종북 좌파가 만든 괴물집단"
눈과 귀를 의심할 수밖에 없는 발언이다.

자한당의 정체는 무엇인가?
궤변, 선동, 왜곡이 일상화다.

우길 것을 우겨라.
역사도, 인물도, 철학도 빈곤한 자한당이다.

국회에서 할 일이 그렇게도 없는가?
민주화 운동을 폭동으로 왜곡한 사람에게 국회를 내준 속내가 궁금하다.
주최자나 발표자 모두 '괴물 같은 존재'가 아닐 수 없다.

시대의 아픔을 가볍게 여기지 마라. 갈 때까지 간, 오만방자한당은 배설에
가까운 망언을 그만 멈춰야 할 것이다.

통렬한 자기반성으로 상처받은 국민에게 사죄하라.
끝으로 자유한국당에 당부한다.

옳음과 그름은 분별하여
정치의 격을 높여라.

2019. 2. 9

정치인은 세 가지의 이해능력(독해능력)이 뛰어나야 한다고 생각한다.

자신에 대한 이해능력
타인에 대한 이해능력
시대에 대한 이해능력

부디, 이해능력이 없는 사람은 국회에 얼씬 거리지 마라.

국민을 대표할 자격이 없다.

부끄럽지 않은가?

위태위태, 조작(造作)으로 연명하는 정부

정부가 발간한 대국민 정책 홍보 책자에서 통계치 그래프를 왜곡한 사례가
다수 발견됐다.

현실은 지옥, 그래프는 천국이다.
비교치는 낮게, 달성치는 높게
조작은 문정권의 힘인가?

하다하다 그래프까지 손대기로 한 것인지 묻고 싶다.

여론조작, 댓글조작, 그래프조작
조작으로 연명하는 정부다.
"특정 수치를 강조하려다 보니 다소 길게 그려진 것 같다"고 말했는가?

말이 되는 소리를 해라.
실수가 왜 항상 유리한 쪽으로 나오는 것인가?

무능에 눈속임까지 더하지 마라.

신뢰가 가지 않는 정부, 실망만 안겨주는 정부다.

제발
최소한의
수치심과 명예를 챙기는 정부가 되라.

이쯤 되니 질문이 생긴다.
대통령의 지지율도 조작인가?

2019. 2. 12

논평이 발송되고 당원에게 연락이 왔다.

정부에 대한 비판 논평으로(특이 이 부분- 대통령의 지지율도 조작인가?)
나의 안위가 걱정된다고

"위태위태, 조작으로 연명하는 정부가 아니라,
위태위태, 김정화의 신변이 위험하다고."

걱정해주셔서 감사합니다.

위태위태하지만
할 말은 앞으로도 하겠습니다.

아들은 '들락날락', 엄마는 '쥐락펴락'

아들은 국회를 '들락날락'
엄마는 아들을 위해 특권을 '쥐락펴락'

한 모자(母子)의 눈물겨운 사랑에 오늘도 국회는 신뢰받기 틀렸다.

자유한국당 박순자 의원과 그 아들이 주인공이다.

"엄마인 내가 국회의원인데 아들 출입이 뭐가 어렵냐"고 했는가?
대단한 분별력이다.

국회가 개인의 집인가?
아들은 '들락날락', 엄마는 '쥐락펴락'이다.

'의정 보조' 때문에 출입증을 발급한 것이라고 말한 박 의원에게 묻겠다.
그걸 믿으라고 하는 소리인가?

기업에서 국회 대관업무가 직업인 아들의 진짜 직업부터 밝혀라.
국회 출입 특혜를 이용해 자신의 대관업무에 이익을 취하지 않았는지 의심스럽다.

제발, 원칙 좀 지키자.
박 의원은 아들의 출입증과 특권의식도 반납하라.

그리고
아들과의 담소는 집에서 나눠라.

2019. 2. 13

일그러진 자존감에서 나오는 특권의식.
국회 곳곳에 특권의식이 산재해 있다.

국회의원 전용 엘리베이터(지금은 사라짐), 국회의원 전용 식당, 국회의원 전용 미용실, 국회의원용 전용 사우나, 본청 2층의 국회의원 전용출입문.

국회의원, 당직자, 보좌관, 국회직원이 함께 있는 국회.

국회의원.

'특별한 권리'를 누려야 하는 사람이 아니라
'특별한 의무'가 있다고 생각하는 사람이다.

성추행에 '특화된 민주당', 이쯤 되면 과학이다.

안희정, 박수현, 민병두, 정봉주 그리고 김정우

또 시작됐다.
추문(醜聞)퍼레이드
더불어민주당 김정우 의원의 성추행 사건이 터졌다.
민주당은 벌써 몇 번째인가?

미투와 성추행에 '특화된 민주당'
이쯤 되면 과학이다.

무심결에 손이 닿았다고 했는가?
무슨 헛소리인가?
악질이다.

부적절한 언행의 결과일 뿐이다.

김 의원은 솔직하게 말하고 있는 그대로 밝혀라.

'백장미'를 치켜 올리며 성폭력 없는 세상을 다짐하던 민주당의 약속은 부관참시 된지 오래다. 김 의원을 시작으로, 민주당의 '정례행사'가 화려한 막을 올렸다.

"손이 가요 손이가~ 무릎 위에 손이가요~"
"왼손, 오른손 자꾸만 손이가~"

자, 다음 주인공은 누구인가?

2019. 2. 14

논란이 된 논평.

새우깡 cm송에 착안하여 비유적 표현으로 '무릎위에 손이 간다'고 했는데, 여당 측 출입기자 몇 분이 성인지감수성의 결여를 지적했다고 우리당 출입 기자님이 말씀해 주셨다.

가해자 김 의원의 행위를 더 부각하고자 했던 표현인데,
'피해자의 입장을 고려하지 못했다고' 생각할 수 있을 것 같다.

피해자의 입장에서 불쾌했다면 모든 게 나의 잘못이다.
더 신중하게 글을 쓰자.
오늘도 하나 더 배운다.

소병훈 의원 비서관련 단평(短評)

맹자

사람이면 다 사람이냐
사람이 사람다워야 사람이지

#기득권 #비서까지 교만 #민주당 인성 #뼈 속까지 특권의식 #선민의식 #
국민무시 #위선일체 #시정잡배 #상탁하부정

2019. 2. 15

출근 길, 말로 표현하기 어려운 기사를 접했다.

소병훈 의원의 비서가, 국회의원의 특권폐지를 요구하며, 분신을 시도한 시민을 '통구이'라고 비하한 것이다.

많은 말이 필요하지 않았다.

그래서 쓴 단평이다.

관련해서 KBS '뉴스줌인' 코너에 다음과 같이 소개됐다.

A "오늘 소병훈 의원의 비서가 논란이 됐죠"

B "그렇죠. 그 행동, 그 자체를 언급하는 것 자체가 부적절하다고 생각해서 저런 비유적인 표현을 썼는지 모르지만..."

내 마음을 들여다본 것 같은 B기자님.
심심상인(心心相印)이다.

자유한국당 잔당(殘黨)대회의 성공 개최를 기원한다

올 것이 왔다.
깃발이 꽂히고 좌표가 찍혔다.

장외를 떠돌던 '태극기모욕부대'가 오랜 방황을 마치고 자유한국당에 정착했다.

흥행에 목마른 자유한국당은 막말, 왜곡, 거짓이 일상인 집단을 두 팔 벌려 끌어안았다.

선동부대, 바람잡이 부대와 반성도 비전도 없는 자한당의 결합으로 전당대회는 잔당(殘黨)대회로 전락했다.

태극기부대의 놀이터로 좌지우지되는 전당대회가 참담하다.

태극기부대여!

자한당의 운명이 부대원들의 손에 달렸다.

분발하라. 고지가 멀지 않았다.

지긋지긋했던 태극기부대도, 자한당도 이제는 끝이 보인다.

거꾸로 가는 자한당, 결코 미래는 없다.

2019. 2. 19

기자님들과 오찬을 하며
자유한국당의 전당대회에 관해 얘기를 나눴다.

"무서워요"
"막무가냅니다"
"눈빛이 달라요"
"욕설까지"

전당대회 현장에서 '태극기부대를 마주한 출입 기자님들의 생생한 증언.

무사히 잔당(殘黨)대회가 끝나길 바라본다.

바둑이를 위해 일하시지 말고, 국민을 위해 일해라

오전에는 판결문 분석, 저녁에는 대국민 보고행사

더불어민주당이 김경수 지사 판결에 대해 대대적인 판결 불복 운동을 전개하고 있다.

모든 게 상상 이상인 민주당이다.
'돌보라는 민생'은 안중에도 없고 '김경수만 돌보기'로 한 모양이다.

선동을 해도 적당히 해라.
민주당 전체가 나서서 김 지사를 구하는 진짜 이유가 궁금하다.

'할 일'도 없고
'하는 일'도 없는
'한심한' 민주당이다.

민주주의의 근간인 사법부의 독립을 여당이 앞장서서 훼손하기로 한 것인가? 판결불복을 시도한다면 사법부가 왜 필요한 것인지 묻고 싶다.

인민재판 말고 자아비판이나 해라!

민주당에 호소한다.
바둑이를 위해 일하지 말고 국민을 위해 일해라.

세금은
국민이 낸다.

2019. 2. 19

할 일은, 찾아서
하는 일은, 넘쳐서
한가할 일, 없는

그런 국회가 되어야 한다.

그런 바른미래당이 되어야 한다.

그런 정치인이 되어야 한다고 다짐한다.

민주당도 이번 기회에, 기승전 '바둑이'는 잊어라.

'교안'영색(敎案令色)

"헌재 결정은 '존중'하지만 절차상의 '하자'가 있다."

자유한국당 당대표 후보 TV토론회에서 황교안 후보가 한 발언이다.
코메디가 따로 없다.

옳지 못한 것을 옳지 못하다고 말하지 못하면서 당의 대표를 하겠다는 것인가? 이랬다저랬다, 오락가락 황교안의 한계다.

박근혜 전 대통령 탄핵은 '민주주의 존립 증거' 그 자체다.

'헌법 수호 의지가 없는' 것은 박 전 대통령과 닮은꼴이다.

황 후보는 태극기부대를 끌어 안기위해 탄핵에 대한 분노를 자양분 삼지마라.

'교안'영색(敎案令色)일 뿐이다.

끝으로 헌법을 부정하기로 한 황 후보에게 묻겠다.

삼겹살 주문은 '존중'하지만, 선택에 '하자'가 있다.
그래서 먹겠다는 건가? 안 먹겠다는 건가?

2019. 2. 20

황교안 대표님.
정말 궁금합니다.

이 경우,
삼겹살을 먹을 건가요?
먹지 않을 건가요?

소고기를 드시려나.

지금까지 이런 쇼는 없었다. 이것은 사퇴인가 휴가인가

'청와대 영빈관 개보수', '환경부 블랙리스트 옹호'
떠난 사람의 '오지랖'이 아니었다.

사표 수리 24일 만에 대통령 행사기획 자문위원으로 탁현민이 돌아온 것이
다.

'끼리끼리' 정치, '길이길이' 오점(汚點)으로 남을 정치다.

임종석과 탁현민의 밀당 '신파극'
'긴 여행을 떠나겠다.'는 탁현민의 '고백'

지금까지 이런 쇼는 없었다.
이것은 사퇴인가 휴가인가

기대를 저버리지 않는 문정권이다.

잇단 국정 실패를 '쇼통'으로 덧칠해볼 생각인가?
쇼로 연명하는, 무능한 정부의 표본이 아닐 수 없다.

탁현민의 경험을 소중하게 쓰기 위해 위촉했다고 했는가?
지독한 탁현민 사랑이다.

끝으로 문 대통령께 묻겠다.
도대체 왜 사표수리를 한 것인가?

2019. 2. 22

사표를 낸지 24일 만에 청와대로 들어온 탁현민, 적절한 풍자적 표현이 없는지 고민
이 됐다.

문득, 며칠 전 관람한 '극한직업'의 명대사가 스쳤다.

'지금까지 이런 맛은 없었다. 이것은 갈비인가 통닭인가'

이렇게 유용하게 논평의 주제로 쓸 줄이야!

100년 집권욕, 꿈도 야무지다

오랜 버릇이 또 나왔다.
더불어민주당 이해찬 대표가 '100년 집권'을 거론했다.

20년, 50년, 이제는 '100년 집권론'인가?
대단한 망상주의자다.

국민은 '국가부도 100년'이 되지 않을지 우려하고 있다.

이해찬 대표는 '정권 재창출'이 천명(天命)이라 했는가?
꿈도 야무지다.

어불성설(語不成說)의 궤변일 뿐이다.

대표가 아직도 민심을 읽지 못하는 것인가?

실업률 최악, 양극화 최악, 집값 최악.
여당 대표의 상황인식도 최악이다.

엉망진창의 민주당, 민생을 직시하시라.

하루하루가 비상사태다.
경제나 살려라.

2019. 2. 22

〈 이해찬 대표의 이기적인 양심 편 〉

5년보다 100년.
의무보다 권리.
민생보다 민주(당).
국민보다 기득권.
효능감보다 집권욕.

갈 때까지 가보기로 한 자유한국당

황교안, 나경원 대표의 몰염치가 점입가경이다.
박근혜 전 대통령 석방을 요구하는 목소리를 공개적으로 낸 것이다.

이명박 전 대통령의 보석에 '기회주의 근성'이 또 다시 발동했는가?
친박세력을 위한 립 서비스 그 이상도, 그 이하도 아니다.

'지속가능한 친박당'의 생존법에 기가 찰 노릇이다.

성찰 없는 황교안 리더십의 부재, 책임 없는 나경원 정치의 부재다.

"박 전 대통령의 형량이 지나치게 높다는 부분은 국민들이 공감하고 있다."
고 했는가?
제 멋대로 해석하지 마라.

만기출소가 답이다.

갈 때까지 가보기로 한 자유한국당.
민심과 위배되는 말로 선동하지 마라.

국민이 어렵게 지켜낸 민주주의 질서를 흔들려는 자, 국회에 있을 자격이 없다.

2019. 3. 7

지속가능한 친박당은 사양이다.

지속가능한 미래
지속가능한 개발
지속가능한 목표
지속가능한 노력
.
.

지속가능한 소비.
너무 솔직했나

마지막은 지우자.

개각(改閣)보다 자각(自覺)이 먼저다.

문재인 대통령이 개각을 단행했다.
언론에서 여러 번 거론되었던 민주당의 진영, 박영선 의원이 포함되었다.

‘총선 출마를 희망하는 현직장관’과 ‘장관 스펙 희망자’의 ‘바톤터치’에 불과
하다.

기대할게 없는 인사단행.
국정 쇄신의 기회를 또 다시 날려버렸다.

행정안전부는 내년 총선에 관한 사무를 관장한다.
정치적 중립을 요하는 자리에 진영 의원을 기용하는 게 말이 되는가?

평창갑질, 박영선 의원은 어떤 전문성이 있는가?

공짜입장, 공짜패딩, 공짜장관

탁월한 '불로소득 전문가'다.
무능에 무책임이 더해지는 정부
기본부터 다시 살펴라.

민생이 파탄이다.
정치인보다는 전문가들의 기용이 필요한 이유다.

문 정권은 개각(改閣)보다 자각(自覺)이 먼저다.

2019. 3. 8

부대변인인 시절에
민주당의 박영선, '서울을 걷다', '특권을 걷다'를 주제로 논평을 낸 바 있다.

평창, 흰 컬러패딩, 그리고 도서 구입 강요.

특권을 꿈꾸는 사람이 장관을 꿈꾸는가?

박영선 의원, 장관보다 자각(自覺)이 먼저다.

그런데
패딩은 아직, 갖고 있는가?
탐난다.

낙하산 인사는 '갈까 말까', 국민은 취업이 '될까 말까'

참으로 화려한 변신이다.

기자 출신 청와대 행정관이 청와대를 나오기 무섭게 금융회사 임원으로 들어갔다.

비상식이 판을 치는 정부.
무력감과 절망감을 안겨주는 정부다.

낙하산까지 챙기는 '청와대식 맞춤형 일자리'가 끝이 없다.

39살에 '무경력'으로 억대 연봉을 받는 금융회사 임원으로 발탁된 것이 상식적인가?

낙하산 인사는 '갈까 말까', 국민은 취업이 '될까 말까'다.

'모셔가기' 형태로 '낙하산 인사'를 위장하면 모를 줄 아는가?

혼탁한 요지경 정권
문재인 선거캠프+청와대 입성=낙하산 인사다.

무능력·무책임·무쓸모의 정부
국민에게 귀감이 되는 정부가 되라.

제발, 국민의 쓴 소리 좀 들어라.

아무런 '죄의식 없는 정부'가 이제는 두렵기까지 하다.

2019. 3. 12

논평도 다 썼는데,

집으로 갈까 말까.

혼탁한 내 마음이다.

일식집. 최저가 메뉴 9만원, 세금이 '기프트쿠폰'인가?

감사원이 청와대 업무추진비 부당 집행 의혹에 대해 '문제없다'는 결론을 내렸다.

'문제없다'는 감사원이 문제다.

'어용 감사원'이 된 것인가?

심야 및 휴일, 백화점, 오락, 주점, 고급일식집 관계없이 '그 정도는 괜찮지 않냐'는 것인지 묻지 않을 수 없다.

상식이 통하지 않는 비루한 감사원이다.

일식집. 최저가 메뉴 9만원.

보안 유지가 필요한 청와대의 업무특성을 고려해야 한다고 했는가?

정도껏 해라. 상식은 없고 억지만 있다.

세금은 '기프트쿠폰'이 아니다.

감사원 사무총장이 청와대 비서관 출신이라 세금에 관대한 것인가?

견제와 균형의 원리가 상실된 '청와대 정부'의 단면이 유감이다.

국민의 상식과 어긋난 정치가, 벼랑 끝에 섰다.

더 늦기 전에
자기 정체성을 회복하는 청와대와 감사원이 되라.

2019. 3. 14

세금으로 최저가 메뉴 9만원의 음식을 먹겠다는 미친 감사원을 보니

오규원의 '프란츠 카프카'(물질적 가치를 중시하는 사회현실을 메뉴판의 형식으로 표현 한 작품)라는 시가 생각났다.

제일 값싼
프란츠 카프카가 아닌
제일 값싼

최저가 메뉴 9만원.

- MENU-
샤를로 보들레르 800원
칼 샌드버그 800원
프란츠 카프카 800원

이브 본느프와 1000원
에리카 종 1000원

가스통 바슐라르 1200원
이하브 핫산 1200원
제레미 리프킨 1200원
위르겐 하버마스 1200원

시를 공부하겠다는
미친 제자와 앉아
커피를 마신다
제일 값싼
프란츠 카프카

빗나간 부정(父情)과 부정(不正)사이

사실이라면 의원직 사퇴가 답이다.

자유한국당 김성태 의원 딸이 KT 그룹에 특혜 채용됐다는 의혹이 사실로 드러나면서 인사업무를 총괄한 KT 전직 임원이 구속됐다.

빗나간 부정(父情)과 부정(不正)사이.

공정한 경쟁은 부정(否定)됐다.

권력을 악용한 취업 청탁은 '성실한 노력'을 조롱하는 악질 범죄다.

"노 코멘트하겠다", "나와 전혀 상관없는 일이다."고 했는가?

이미 KT 전 전무가 구속됐다.

조카의 채용 청탁 의혹도 제기되고 있는 상황이다.

발뺌 할 것을 발뺌하라!

채용비리는 정의의 문제이다.

어느 누구도 타인의 취업의 기회를
비열한 방법으로 가로챌 수 없다.

검찰은 철저한 수사를 통해 사회악을 도려내라.

김 의원은 여전히 떳떳한가?

딸의 계약직 채용부터 정규직이 된 과정, 퇴사 시점에 대한 진실 규명에 앞
장서라.

삐뚤어진 조카 사랑을 밝히는 일은 덤이다.

'묵과'할 수 없는 사회악에, '묵언'은 있을 수 없다.

2019. 3. 15

"살살 좀 다뤄달라"는 김성태 의원님.

책으로 집필하게 되어 죄송합니다.

부정(父情)은 인정하겠습니다.

그냥, '자유한국총독부'로 당명을 바꿔라.

"해방 후에 반민특위로 인해서 국민이 무척 분열했던 것 모두 기억하실 것이다." 단죄와 분열을 구분 못하는 나경원의 빈약한 역사인식이 부끄럽다.

자신이 친일 세력이라는 속내를 거침없이 토해내기로 한 것인가?

입에서 악취가 난다.
개탄스럽다!
나경원 의원의 조국은 어디인가?

5.18을 부정하더니, 이제는 반민특위마저 부정하고 있다.

친일을 감추고자 보수의 탈을 쓰고 지금껏 살아온 자유한국당이다.

분열의 혼란을 틈타 이념에 기생하며 지금껏 살아온 자유한국당이다.

친일에 대한 '후회'는 없고, 친일에 대한 '후예'가 되려 하는가?

그냥, '자유한국총독부'로 당명을 바꿔라.

나 의원은 독립유공 영령과 국민 앞에 통렬히 사죄하기 바란다.

아픈 역사를 두 번 울리지 마라.

2019. 3. 15

논평 제목에 시간을 많이 할애하는 편이다.

제목 자유한국총독부 앞에, 무엇을 써야 할지 고민을 하고 있던 찰나

김무영 공보실 실장님 왈.
그냥~

그렇게 제목이 만들어졌다.

'그냥'

헌정 파괴의 원흉, 바둑이가 있을 곳은 구치소다.

예상대로다.

48일 만에 법정에 모습을 드러낸 김경수 지사, 뻔뻔함이 화룡점정이다.
"1심이 이래도 유죄, 저래도 유죄"라며 불만을 말했는가?

죄가 있으면
이래도 유죄, 저래도 유죄가 당연하다.

교활함, 악랄함, 악독함의 표상인 바둑이
혓바닥도 현란하다.

도정 공백이 그렇게도 걱정되는가?

불법여론조작으로 생긴 민주주의의 커다란 공백은 어떻게 할 셈인가?
설마, 아직도 다 못 지운 증거가 차고 넘치는 것인지 묻지 않을 수 없다.

보석은 '절대 불가'다.

여론 조작하던 사람이 석방되면 더 얼마나 많은 '조작과 여론전'을 펼치겠는가?

김 지사가 보석으로 석방되면 이 나라 법치는 아웃이다.

특검 전 경찰과 검찰의 늑장수사와 부실수사로 많은 증거들이 인멸되었다.

민주주의 파괴, 헌정 파괴의 원흉, 바둑이가 있을 곳은 구치소다.

이것이 '불변의 사실'이다.

외로우면
바둑이 주인을 불러서 함께 지내라.

2019. 3. 19

딸랑 딸랑 딸~랑, 딸랑 딸랑 딸~랑
바둑이 방울 잘도 울린다.

바둑이 주인은 어디에 있는가?
국민이 애타게 찾고 있다.

혹시
서울 특별시 종로구 청와대로1에 사시나?

'점심 메뉴 고르기'보다 못한 인사 내정, 조국 경질이 시급하다.

7명의 장관 후보자에 대한 비리 의혹이 끊임없이 터져 나오고 있다.

늘 반복된 청와대의 '무능'인 줄 알았다.

청와대가 후보자들의 여러 의혹을 사전에 확인하고도 '문제없다'고 판단한 사실이 드러났다.

'무능'을 넘어, 기본적인 '인지능력'조차 의심해야 하는 상황까지 온 것이다.

부동산 투기, 편법 증여, 세금 탈루, 위장 전입, 자녀 인턴 특혜, 자녀 이중국적, 논문 표절, 막말 논란까지.

눈만 뜨고 있어도, 귀만 열고 있어도 파악할 수 있는
'떼거리 의혹들'이다.

진짜 모르는가, 모른 척 하는 것인가?
문제가 문제인지도 모르는 청와대의 상황판단에 무력감을 느낀다.
'점심 메뉴 고르기'보다 못한 인사 내정에는 조국 민정수석의 책임이 크다.

조국 수석
'충분한 시간 동안 무능하다는 것이 철저히 검증된 사람'이다.
무엇을 망설이는가?
문재인 대통령에게 '조국'은 민정수석만 있는 것이 아니다.

태평 조국을 바라는가? 조국 경질이 시급하다.

2019. 3. 19

부동산 투기, 해보고 싶다.
편법증여, 받아 보고 싶다.
세금 탈루, 많이 내고 싶다.
위장 전입, 위장할 집 없다.
자녀 인턴 특혜, 자녀가 없다.
자녀 이중 국적, 자녀가 없다.
논문 표절, 몇 년째 수료자다.
막말 논란, 이해찬, 나경원으로 족하다.

문 정권에서 장관은
꿈도 못 꾸겠다.

전범기업 스티커 제작?
'국민우롱 의원 스티커'나 잘 붙이고 다녀라

하다하다 안되니 '애국심 팔이'까지 하기로 한 것인가?

민주당이 장악한 경기도의회가 도내 학교에 구비된 '일본 전범기업 제품에 대해 스티커'를 부착하겠다고 한다.

분노를 앞세워 아이들에게 뭘 가르치겠다는 것인지 묻지 않을 수 없다.

아이들 교육도,
한일 관계도 망치는 천박한 발상이다.

청바지를 입고 미국산 담배를 피우며 '미 제국주의 타도'를 외치던 운동권의 위선에서 한 치도 달라진 바가 없다.

나라가 점점 과거로 회귀하는 꼴이다.

과거와 현재,
감정과 외교는 구분하자.

민주당은 국민을 기만하고 역사를 악용하는 '선동정치'를 멈춰라.
혹여나 문재인 정부의 '무능'을 감추고자 '반일'을 꺼내들었는가?
잇단 문재인 정부의 실책 속에, 커져가는 것은 '반일'이 아닌 '반문'임을 깨닫기 바란다.

말초적인 정서를 자극해서 국민을 우롱하는 민주당이야말로, 딱지 붙여져야할 대상이다.

정성껏 만든 '국민우롱 의원' 스티커를 드린다.
잘 붙이고 다녀라.

2019. 3. 20

당원 스티커 만들어서 장사하는 당원의 집에 부착했던 민주당.

경기가 안 좋아서 스티커를 떼어냈다고 하는데
또 무슨 스티커 타령인가?

애국을 앞세워 스티커를 생각해낸 민주당, 참으로 고약하다.
스티커 제작에 힘써주신 공보실 김우섭 간사,
바른미래당 홍보국 관계자에 감사의 마음을 전한다.

유시춘, 비리는 '감출레오', 감투는 '가질레오'

EBS 유시춘 이사장의 아들이 마약사범으로 현재 수감 중이라는 사실이 밝혀졌다.

유 이사장은 정치적 편향성으로 자격 미달 논란이 되었던 대표적인 낙하산 인사다.

점입가경의 극치다.

마약사범을 조카로 둔 노무현재단 유시민 이사장은 무슨 궤변으로 세상을 향해 훈수 둘지 궁금하다.

누나는 교육방송의 명예를 훼손,
동생은 편향 방송으로 노무현 전 대통령의 '통합정신'을 훼손하고 있다.

남매가 쌍으로 이사장직 '자격 미달'이다.

방송통신위원회와 EBS의 부실 검증 또한 빼놓을 수 없는 '가관 포인트'다.

유시춘 이사장은 '아들은 모르는 일'이라며 마약혐의를 전면 부인하고 있다.

비리는 '감출레오', 감투는 '가질레오'인가?

'마약사범을 두둔하는 사람'에게 아이들의 교육을 맡길 수 없다.

즉각 이사장직에서 사퇴하고, 아들 교육에 전념하시라.

2019. 3. 21

뭘 그렇게 감추고, 가지려고 하는가?

유시민의 훈수가 기다려지는 하루다.

이언주 의원을 위한 헌정 시

꽃의 말

– 황금찬

사람아
입이 꽃처럼 고와라
그래야 말도
꽃같이 하리라
사람아

인격도, 품위도 없는
'오물 투척꾼'으로 전락했는가?

보기 드문 캐릭터를
지켜보는 것도 한계가 있다.

한계가.

2019. 3. 26

4·3 창원성선 보궐선거를 위해 혼신의 힘을 쏟는 당 대표를 향해 '찌질이'·'벽창호'라는 막말을 퍼붓는 이언주 의원에게 한마디 안할 수 없었다.

금도를 넘어선 언어폭력이 웬 말입니까?

당분간 당에서 이언주 의원을 마주하는 일이 없기를.
오물이 튈까 두렵다.

의겸가경(宜謙佳境)

의겸가경(宜謙佳境)이다.

김의겸 청와대 대변인이 자신의 소득주도성장을 위해 고군분투 중이다.

재개발 지역에 작년 7월 초 16억을 빚내 25억 건물을 구입한 것으로 확인됐다.

이 지역은 이후, 재개발 사업시행인가가 나왔다.
청와대의 '줄줄 새는' 양심,
국민은 고개가 '절레절레'다.

집은 사는 곳(buy)이 아니라 사는 곳(live)이라고 한 정부 아닌가?

국민 배신이 일상화된 정부와 '위선 덩어리' 청와대다.

"아주 가까운 친척이 매물을 제안해 상가를 샀다"고 했는가?
한결같이 위선이다.

김의겸에게 묻겠다.
'믿을 만한 고급정보'를 미리 입수하지 않고 저런 투기가 가능한가?
청렴성, 사명감, 도덕성은 눈뜨고 찾아볼 수 없는 청와대.

특히
대변인의 입은, 악질이다.

국민의 신뢰가 바닥이다.
서민을 가장한 위선자들은 성찰하며 살아라.

국민을 상대로 뒤통수치지 말고....

2019. 3. 28

DNA를 언급할 때 알아봤다.

청와대 관사의 제테크로 25억 건물 매입까지.

보통의 DNA가 아니다.
보통의 김의겸이 아니다.

점입가경(漸入佳境)이 아니라 의겸가경(宜謙佳境)이다.

'떴다방' 대변인의 최후

'떴다방' 대변인의 최후가 목불인견이다.

김의겸씨가 청와대 대변인직을 사퇴했다.
'한탕 해보자'는 욕심이 부른 당연한 결과다.

'올인 투기'는 현 정부의 부동산 정책과 공직자 윤리에 어긋나는 명백한 잘
못이다.

사전에 확실한 알짜 정보 없이는 일반국민 입장에선 엄두도 못 낼 일이다.
미리 알았다면 '투기꾼', 몰랐어도 '도박꾼'이다.
'사퇴'라는 두 글자만 남기는 게 그리도 어려운가?

떠나면서도 '아내'탓, '결정장애' 탓을 했다.
'국격 분쇄기' 대변인다운 변명이다.

김의겸, 사퇴가 끝이 아니다.
대변인 직분으로 정보를 얻지 않았는지, 대출 과정에서 압력은 없었는지 밝혀야 한다.

전세보증금까지 투기에 쏟아 부은 바람에, 청와대 관사를 떠나면 갈 곳 없는 김의겸씨.

당분간 고시원에 머무르면서, 집 없는 서민의 비애를 한껏 느끼며 자숙하길 바란다.

청와대에도 경고한다.
그를 다시 회전문 인사로 들여올 생각은 꿈도 꾸지 마라.

2019. 3. 29

〈 네 와 내 〉

네 탓이다.
네 잘못이다.
네 책임이다.

내 탓이다.
내 잘못이다.
내 책임이다.

네 보다 '내'를 말할 수 있는 정치인
그런 정치인이 되자.

외교부는 '국격 훼손 집합소'인가?

문재인 정부의 외교 실책이 다채롭다 못해 경이롭다.

'발틱' 국가를 '발칸' 국가로 잘못 표기한 것이 탄로 났다.

일취월장하는 무식, 무능, 무지의 외교부가 아닐 수 없다.

외교부는 '국격 훼손 집합소'인가?

'외교부 영문 보도자료'에 이런 실수를 했다고 하니 망신도 이런 망신이 없다.

잘못 표기는 기본, 엉뚱한 인사말은 덤이다.

"번역 과정에서 실수가 있었던 것 같다"고 했는가?

'과대포장' 하지 마라. 반복되는 실수는 무능일 뿐이다.

외교부의 수장은 부끄럽지 않은가?

'외교 전문성 없는' 외교장관의 실체, '나사 풀린' 외교부의 실체가 오래전에 드러났다.

사소한 결례도 회복 불가능한 국격의 훼손을 낳는다.

오랜 기간 경험과 전문성을 가진 외교라인으로 인사 교체가 이루어져야 할 이유다.

수준 미달의 일등공신 외교부.

국격의 걸림돌이 되어서는 안된다.

2019. 4. 3

피곤하면 말이 헛 나올 때가 가끔이다.

부끄러운 일화를 소개한다.

시원한 팥빙수가 생각나서
"날씨도 더운데, 밀가루 뿌려진 팥빙수 먹으러 가자" 고 말 한 적이 있다.

상대방 왈: 팥빙수에 밀가루 뿌려 드세요?

'미숫가루'를 '밀가루'로 잘못 얘기한 것이다.

외교부도 피곤한 것인가?

외교부의 최고책임자에게 휴식이 필요해 보인다.

'우스운 꼴' 당하기 전에.

흠결 많은 바둑이, 유통기한은 이미 끝났다.

김경수 지사가 77일 만에 결국 구치소 밖을 나왔다.
법원은 '헌정 질서를 유린한 원흉'을 감싸기로 한 것인가?
구속 당시와 특별히 달라진 사정이 있는지 묻지 않을 수 없다.

어불성설(語不成說)의 결정에 유감을 표한다.

김 지사는 수많은 증거에도 여전히 불법 여론조작 혐의를 전면 부인하고 있다. 공범 드루킹 일당이 대부분 구속된 상황에서 김 지사만 풀어주는 건 무슨 의도인 것인가?

여당의 사법부 압박 때문인가? 청와대 눈치 보기인가?

살아있는 권력의 비호를 받는 '무소불위의 바둑이'가 아닐 수 없다.
많은 국민이 사법부의 비상식적 판단에 우려를 보내고 있다.

사법부가 '반민주적 중대 범죄'를 두둔했다는 오명을 벗어나는 길은, 남은 재판에서라도 법과 양심에 따라 공정하게 심판하는 것이다.

흠결 많은 바둑이, 석방에 기뻐하지 마라.

죄질이 심히 불량하다.
바둑이의 유통기한은 이미 끝났다.

2019. 4. 17

경고문

경남도민 여러분!
무소불위의 바둑이에게 물리지 않도록 조심하세요.
물리면 약이 없습니다.

이해찬 대표, 망상도 정도껏 해라.

선동과 독선으로 점철된 당대표를 바라보는 국민의 피로감이 높다.
이해찬 대표가 '240석을 목표로 총선을 준비하겠다'고 밝혔다.

망상도 정도껏 해라.
민심을 읽는 당대표의 수준에 깊은 우려를 표한다.

국익에 아무 도움도 안 되는 발언을 하는 이유가 무엇인가?

'어떻게든 되겠지' 정권, '될 대로 되라' 정권, '어쩌라고' 정권의 당대표답다.
이해찬 대표의 실언에 대한 비판이 잇따르자, 민주당은 '독려' 차원의 덕담
이라 해명했다.

민생은 파탄 나고 경제는 갈수록 어려워지는데, '독재적 사고'에 빠져있는 민
주당이다.

내년 총선은 문재인 정부와 여당의 오만을 심판하는 자리가 될 것이다.
이해찬 대표는 '의석 수' 계산은 멈추고, '실정의 죗값'이나 계산해라.

오만과 아집만 남은 당 대표의 언사, 총선 필패로 돌려받을 것이다.

2019. 4. 18

이해찬 대표님,
몇 석이 중요합니까?

수오지심(羞惡之心)을 아는 정치인이 되십시오.

지켜보는 사람이 부끄럽습니다.

이 대표에게 측은지심(惻隱之心)이 앞서는 내 마음.
정신 차리자.

고도의 총선 전술이다.

광야에선 한 마리의 야수,
'인면수심(人面獸心)' 이언주 의원을 환송하며

이언주 의원, 탈당 명분만 찾더니 기어코 탈당했다.
떠나는 순간마저도 추악(醜惡)하다.
영혼도, 소신도, 동료도 버리고 '표독스러운 낯빛'만 남았다.
스스로를 '광야에선 한 마리의 야수'라 했는가?

동의한다.
마음만은 짐승과도 같은, '인면수심(人面獸心)'의 이언주 의원이다.
인내심으로 참아줬던 '영웅놀이'도 이제 끝났다.
철없는 '관종 본능', '파괴 본능'이 어디 가겠는가?

속 보이는 철새의 최후.
이 의원의 정치 행보 앞에 놓인 것이 '꽃가마'일지, '꽃상여'일지 지켜볼 일이
다.

2019. 4. 23

말도 많고 탈도 많았던 이언주 의원이 정론관에서 탈당 기자회견을 했다.

힘들고
어렵고
외로울
광야에서의 생활

환송 대신
환송 논평을 작성했다.

광야에선 한 마리의 야수님!

꼭! 가마를
아니
'꽃가마'를 타셔야 합니다.

민주주의의 독버섯, 자유한국당의 행태를 강력 규탄한다.

국회가 빨간 옷을 입은 자유한국당 홍위병들에게 포위당했다.

품위도, 절차도, 이성도 잃어버린 자유한국당의 난동에 개탄하지 않을 수 없다. 사개특위 위원인 바른미래당 채이배 의원은 자유한국당에 의해 6시간 넘게 감금당했다.

무슨 조폭 집단인가?
이는 명백한 반민주적 폭거이다.

'감금 사태'에 급기야 경찰이 출동하고 채 의원은 무릎을 꿇고 호소했지만, 이성을 잃은 이들 앞에선 무용지물이었다.

자신들이 주도했던 '국회선진화법'을 잊었는가?
당리당략과 기득권 사수를 위해서 야만적 행태도 서슴지 않는 자유한국당을 강력히 규탄한다.

자유한국당의 국회파탄·민생파탄 폭거를 결코 용납할 수 없다.
'국회선진화법 위반에 따른 법적 책임' 등을 각오해야 할 것이다.

민주주의의 독버섯, 자유한국당.

민주주의를 '빛 좋은 개살구'로 만들지 마라.

2019. 4. 25

〈 CNN과 채이배 〉

자유한국당의 채이배 의원 감금사건을 CNN이 보도했다.
이 무슨 코미디인가?

한국당 의원 10여명이 오전부터 집무실 내부 소파로 문을 막는 등, 채 의원을 6시간 동안 감금했다.

야만적 행위 앞에 채이배 의원은 무릎을 꿇고 문을 열어달라고 했지만 소용이 없었다. 결국 112 신고를 해서 소방과 경찰이 출동 한 끝에 탈출할 수 있었다.

2019년 4월 대한민국 국회의 모습이다.
국회의 슬픈 자화상
감금당한, 슬픈 채이배 의원.

고민정, 예외 없는 '코드 만능의 공식' 끝낼 때가 됐다.

'부패'로 물러난 자리를, '코드'로 채웠다.
고민정 청와대 부대변인이 '초고속 승진'으로 대변인에 임명되었다.
'과대평가된 코드 인사'가 아닐 수 없다.
"아나운서 출신이라고 해서 정무감각이 없다고 주장하는 것이 편견"이라고
했는가?

정무감각 있다는 것도 편견이다.

문재인 정부의 '무능'이 판치는 세상에 코드만큼은 '만능'이니, 국민은 씁쓸
함을 감출 수 없다.

이정도면 코드에 따른 인사는 '법칙'이자 '진리'다.
문재인 대통령을 '닮고 싶은 스승 같은 존재'로 칭송할 만큼 '충성인사의 1
인자' 고민정 대변인.

'대통령 바라기'인 그녀가 국민 시름에 귀를 기울일 수 있을지 벌써부터 걱정스럽다.

임명도 대통령 기호대로 되었으니, 말도 대통령 기호대로 할 것이 아닌가?
청와대의 '불통'만큼이나, 국민의 '불만'도 켜켜이 쌓여갈 것이다.

예외 없는 코드 만능의 공식.
끝낼 때가 됐다.

2019. 4. 26

부대변인 시절,
고민정 청와대 부대변인의 대통령에 대한 맹목적인 찬양과 미화가 염려스러워 "문재인 대통령을 향한 과잉충성은 '인터뷰'가 아닌 '일기장'에 써라"는 논평을 낸 적이 있다.
.
.
.

시간이 지난 지금
달라진 게 없다.

지금부터라도 '합리적인 비판'으로 국정운영의 성공을 위해 조력하기 바란다.

패스트트랙 지정, 본격적인 논의의 시작이다.

진통끝에 '선거법 개정안', '공수처 법안', '검경수사권조정법안'이 패스트트랙으로 지정되었다. 패스트트랙 지정은 정치개혁과 사법개혁을 요구하는 국민의 명령을 이행하기 위한 일련의 과정으로, 그 첫 발을 뗐을 뿐이다.

패스트트랙은 자유한국당이 '무조건 반대'만 외치는 상황에서 어쩔 수 없었던 고육지책이자, 여야 간 대화와 협의를 위한 촉매제다.
정치개혁과 사법개혁은 이제 시작이다.
선거법 개정안도, 공수처법도, 검경수사권조정안도 아직 완성되지 않았다.

보다 더 많은 민심을 반영할 수 있는 선거법을 위해, 보다 독립성을 갖는 공수처를 위해 여야 서로가 지혜와 인내심을 모아야 한다.

스스로의 권리와 역할을 포기한 자유한국당.
언제까지 '헌법수호 독재타도'만 외치려고 하는가?

자유한국당은 막무가내식 투정은 접고, 대화의 장으로 돌아오기 바란다.

바른미래당은 이번 패스트트랙 지정을 둘러싸고 발생한 당내 갈등을 잘 봉합하고, 더 큰 '통합의 정치'를 위해 최선을 다할 것이다.

2019. 4. 30

한국당과 정의당이 대치를 하는 상황에서 웃지 못 할 '구호 신경전'이 펼쳐졌다.

한국당이 외치고, 정의당이 맞받아치고.

한국당
'헌법수호'
정의당
'독도수호'

한국당
'독재타도'
정의당
'일제타도'

한국당
'문재인 독재자'
정의당
'박정희 독재자'

웃지 말자.

총성은 사라졌다. 다만, 미사일이 날아다닐 뿐이다.

'자화자찬의 끝판왕' 문재인 대통령이 취임 2주년을 맞아 독일의 한 일간지
에 기고문을 냈다. "한반도의 하늘과 바다, 땅에서 총성은 사라졌다"며, '신
반도 체제'를 강조했다. 맞는 말이다.

다만, 총성이 사라진 한반도의 하늘에는 미사일이 날아다닐 뿐이다.
지금의 한반도 정세는 결코 속단할 수없는 상태다. 문재인 대통령의 '빈약한
낙관주의'와 '북한 맹신주의'가 걱정이 아닐 수 없다.

자국민을 상대로 북한 옹호론이 설득력을 잃자, 이제는 세계를 상대로 진실
을 호도하려는 것인지 묻고 싶다.

"강력한 힘에 의해서만 진정한 평화와 안전이 보장된다."는 김정은 위원장.
10주째 열리지 않고 있는 남북 연락사무소 소장 회의.
점점 꼬이고 있는 남북 관계 앞에, 뜬 구름으로 머뭇거리지 마라.

이쯤 되면 문 대통령의 안일한 현실인식에 '격리 수용'이 필요해 보인다.
보다 냉정한 현실 인식의 기반 위에서 대북 전략을 재정립해야 한다.
막연한 믿음의 평화는 신기루에 불과하다.

문 대통령에게 오자병법(吳子兵法)의 일독을 권한다.
'무능한 지휘관은 적보다 무섭다.'

2019. 5. 7

문재인 대통령의 지독한 '평화사랑', 도를 넘어서는 낙관주의.
오자병법이 필요해 보인다.

오자병법은
손자병법과 함께 중국의 양대 병법서로 꼽히는데 현재까지 6편이 전해진다.

부국강병을 다룬 '도국'
상대를 파악하는 '요적'
군대의 육성을 다룬 '치병'
장수의 자질을 논하는 '논장'
임기응변을 다룬 '응변'
군의 사기를 다룬 '여사'

공수부대를 나온 대통령님.
한번 읽어보세요.

미사일이 두렵습니다.

취임 2년, 문재인 대통령의 성적표를 보며

국정운영 중간고사 결과

* 성명 : 문재인
* 소속/직책 : 대한민국 대통령
* 학번 : 20170510

경제학개론............................F
조국인사관리론.....................D
윤리와 도덕철학...................D+
국제관계의 이해...................C+
남북관계론..........................B+
촛불의 이해.........................C+

* 평점평균 : 1.83(학사 경고 대상자)

취임 2년, 문재인 대통령의 성적표가 초라하다.

문 대통령의 무능과 독선에 대해 국민은 '학사경고'를 내렸다.

어느새 국민은 문재인 정부 또한 '새로운 적폐'라며, 촛불정신의 왜곡에 분노하고 있다.

취임 2년을 맞아 진행된 대담에서 확인된 것은 문 대통령의 독선과 아집의 '무한 반복'뿐이었다. 민생경제가 파탄에 이르렀지만, 대통령은 '나 홀로 청사진'이다.

인사는 또 어떤가?

거듭되는 인사 참사를 '실패라고 동의할 수 없다'는 대통령의 상황판단은 독선의 극치가 아닐 수 없다.

문재인 대통령의 과(過)가 크지만, 공(功)도 분명 존재한다.

위기의 남북관계를 안정시키고, 북미대화를 촉진한 점은 결코 가벼운 성과가 아니기 때문이다.

그러나 이마저도 북한의 군사적 도발과 불성실한 태도로 위기에 놓여있는 상황이다.

무엇 하나 온전한 게 없다.

'세상의 변화'를 요구했던 국민들은 이제 '문재인 정부의 변화'를 절실히 바라고 있다.

모든 분야에 대해서 그야말로 기로(岐路)에 놓여있는 문재인 정부다.

중간고사를 망쳤으면, 기말고사는 더욱 철저히 준비하고 잘 봐야 한다.

독선과 아집은 '소신'이 될 수 없다.
독선과 아집을 포기하면 '경청과 합의'가 된다.

남은 임기 동안 무너진 경제를 살리고, 민주주의를 진실로 받드는 정부가 되라.

국정운영은 누가 뭐래도 성과다.
참혹한 성적표가 누적되면 제적이다.

2019. 5. 10

문재인 대통령의 취임 2년, 시각적인 논평을 써보고 싶었다.
그래서 만든 '성적표'

아무래도
촛불독점이라고 인식하는 문재인 정부에
'촛불의 이해' 점수를 후하게 준 것 같다.

성적 정정기간이 있는 것도 아니고,
이미 배포한 논평을 어떻게 할까?

'곡학아세 협잡꾼' 유시민 이사장

유시민 노무현재단 이사장의 '정치놀이'가 불철주야 이어지고 있다.
오지랖으로 따질 것 같으면 '전지적 참견 시점'의 소유자다.
오늘은 문재인 대통령과 대담을 나눈 KBS 기자에 대해 '인터뷰를 진행하는
사람으로서 지켜야 될 라인'을 삐끗했다고 지적했다.

'편향적인 여권 인사 불러내기', '편향적인 질문 쏟아내기', '국론 분열 일으
키기'에 솔선수범해온 당사자다.

'인터뷰어의 자질'에 대해 논하는 것 자체가 코미디가 아닐 수 없다.
'지식소매상'이 되겠다던 목표는 어디 가고, '곡학아세 협잡꾼'이 되었는가?
더 이상 정치의 주변에서 소란스럽게 배회하지 마라.

타고난 선동꾼 유시민.

이제는 떠날 때가 됐다.

조국만큼 이나 정치놀이를 즐기는 유시민.
말만 앞세우거나
말만 하는 유시민.

오지랖은 거둬라.

많이 듣고,
말이 적은 정치인.

입이 두 개가 아닌
귀가 두 개인 정치인.

만나고 싶다.

마이너스 '성장'을 '성공'으로 생각하는 문재인 식 '상상경제'

"우리 경제는 성공으로 나아가고 있다"

심각한 경제 상황만큼 문재인 대통령의 현실과 동떨어진 경제 망상이 심각하다.

자신만의 신념으로 세상을 보는 문 대통령.
회복불능, 재기불능의 인식이다.

생산·고용·투자·수출·민간소비 무엇 하나 온전한 게 없다.
경제성장률은 2008년 금융위기 이후 −0.3%라는 최악의 성적을 갱신했다.
설마 마이너스 '성장'을 '성공'이라고 생각하는가?

문재인 식 '상상경제'가 위태롭다.

오늘 발표된 통계청 자료는 최악이다.

실업률은 19년 만에 최대치를 기록했고 실업자 수도 통계가 작성된 이후 가장 많았다.

세금보따리를 풀어 만든 가짜 일자리, 가짜통계도 그 수명을 다했다.
경제 실정의 부작용이 쏟아지고 있는데, 대통령의 자기최면이 개탄스러울 따름이다.

경제는 누가 뭐래도 성과다.
성과를 내지 못하는 경제 정책 기조를 당장 바꿔라.

'혁신적 포용국가'는 바라지도 않으니, '절망적 포기국가'만 만들지 말라.

2019. 5. 15

-누가 뭐래도

누가 뭐래도 소득주도성장
누가 뭐래도 북한
누가 뭐래도 친문
.
.

제목을 잘못 지었다.

'누가 뭐래도'가 딱! 이다.

무사 석방, 문정부의 치적(治績)이 될 수 없다.

"대통령님, 제발 도와 달라. 내 조국은 한국이다."
리비아 무장 세력에게 납치된 한국인 인질이 무사히 풀려나게 되었다.

315일 만이다.

우리 국민 주모 씨의 무사 석방을 환영하며, 정부의 노고와 우방국의 적극적 협조에도 감사를 표한다.

정부는 이번 일로 생색낼 것이 아니라 자국민의 신변 보호와 안전을 책임지는데 고삐를 쥐어야 한다.

구출 과정에서 보여준 미숙함과 안이한 인식은 국민에게 불신의 대상이 되었다.

피랍 당시 납치 사실을 국민께 알리지 않고, 현지에서 납치 소식이 나오자

그제야 그 소식을 국민께 알린 정부다.

'사막의 침묵에도 귀를 기울이고 있다'는 정부의 감성적 발언은 국민적 불신만 더 키우는 계기가 되었다.

무사 석방, 문정부의 치적(治績)이 될 수 없는 이유다.

정부는 '자국민의 생명과 안전 보호'라는 국가의 기본적 책무를 깊이 되새겨야 할 것이다.

2019. 5. 17

구출이 중요한가?
문학적 수사가 중요한가?

'한줄기 소나기가 기다리고 있을 것',
'사막의 침묵에 귀를 기울이고 있다'
'타들어가는 목마름'

자국민의 피랍 앞에, 무슨 엉뚱한 소리인가?

진중하지 못한 청와대 대변인의 발언.

정말, 목이 타들어 간다.

쓰레기 더미에서 민주주의는 꽃필 수 없다.

'5.18 유공자는 괴물 집단', '다이너마이트로 청와대 폭파', '달창', '사이코패스', '한센병'

조롱, 욕설, 저주, 정치권의 막말 퍼레이드.

모아놓고 보니 천박하고, 상스럽기 그지없다.

국민의 손과 발, 입이 되어야 할 국회의원.

손과 발은 폭행을, 입은 오물을 쏟아내기로 한 모양이다.

극단적 대결 정치의 폐해가 막말 정치의 든든한 자양분이 되고 있다.

양당의 '저열한 소음'에 대한민국의 정치가 하향평준화 된지 오래다.

정치인의 말과 행동은 사회적 파급력이 크다.

막말과 자극 속에 공생해가는 거대 양당은 통렬히 반성해라.

악취 나는 쓰레기 더미에서 민주주의는 꽃필 수 없다.

제발! 정치의 격 좀 높이자.

2019. 5. 17

〈 온도 〉

말의 온도.
글의 온도.
정치의 온도
정치인의 온도

조용하고 열정적이며 경박하지 않은 온도
요원한 일인가?

조국에게 드리는 고언(苦言)

부실한 인사검증은 하늘의 이치를 다하였고
기묘한 손가락 정치는 땅의 이치를 통하였네.

오지랖과 영웅 놀이에 공이 이미 높으니
역 대급 무능을 알고 그만두기를 바라노라.

- 여수장우중문시(與隋將于仲文詩 변용)

사람이 되기는 힘들어도 자신의 허물을 보지 못하는

괴물은 되지 말자.

2019. 5. 19

이주의 논평으로 선정됐다.

"조국, 자신의 허물 못보는 괴물은 되지 말자"

김정화 바른미래당 대변인 조국 페북 글 일침
조국 영화 대사 인용 맞서 을지문덕 시 변용

"역대급 무능을 알고 그만두기를 바라노라"

일요일 아침
고생한 보람이 있다.

한국 영화의 '황금종려상' 수상, 이제 세계로 향한다.

봉준호 감독의 영화 '기생충'이 칸 영화제에서 최고의 상인 '황금종려상'을 수상했다. 감독과 제작진에게 축하를 전하며, 한국영화 위상을 드높인 헌신에 깊이 감사드린다.

올해는 한국 영화 100주년이기에, 이번 수상의 의미는 더욱 값지다.

거대 자본을 앞세운 미국 블록버스터 영화와 '스크린 쿼터제' 등으로 한때 위기를 겪었던 한국 영화가 이룬 경사이기 때문이다.

이번 수상은 독창성과 공감을 바탕으로, 우리 문화의 힘을 보여준 생생한 증거다.

"오직 한없이 가지고 싶은 것은 높은 문화의 힘"이라고 백범 김구 선생께서 강조했을 만큼, 문화야말로 세상을 바꾸는 중요한 요소이다.

봉준호 감독의 '기생충'은 열악한 영화 제작 환경에 대한 문제의식을 바탕으로, 주 52시간 근무를 지켜가는 한편, 사회의 양극화와 빈부격차를 다뤘다는 점에서 우리 사회에 시사하는 바가 크다.

문화로 세상을 바꾸는 노력을 영화 '기생충'이 모범적으로 보여준 것이다.

이제 우리는 문화의 힘을 통해 "우리가 높고 새로운 문화의 근원이 되어 진정한 세계 평화를 실현해야 한다."는 김구 선생의 남은 소원을 이뤄내야 한다.

영화 '기생충'이 그 아름다운 신호탄이 되길 바란다.

다시 한 번 '황금종려상' 수상을 축하드린다.

2019. 5. 27

배우인 내 동생이
봉준호 감독을 만났다면....

오스카 주연상은 '떼어 놓은 당상'이었을 것이다.
언니 밖에 없지?

구린내가 진동한다.

갈수록 태산이다.

국정원장과 민주연구원장의 밀담 회동에 중견 언론인까지 동석한 것으로 드러났다.

총선을 앞두고 민감한 시기에 국정원장, 유력 정치인, 언론인이 만나는 게 정상적인가?

행정관이 부르면 육군참모총장이 달려가고
손혜원이 부르면 보훈처장이 달려가며
양정철이 부르면 국정원장과 언론인 달려가는

밀실정치의 끝판왕이다.

"민감한 정치적 얘기 없었다."고 말했는가?

구린내가 진동한다.

중립성이 생명인 정보기관의 수장, '총선 병참기지'를 자처한 여당 싱크탱크 수장, 특정 언론인의 만남 자체만으로도 경솔한 처신이다.

양 원장은 '취재 경위'가 의문이라고 했는가?

'만난 경위'나 제대로 얘기해라.

동선 정보를 질질 흘리고 다닌 '구멍 난 보안의식의 소유자' 서훈 원장은 왜 말이 없는지 묻고 싶다.

부끄러움이 무엇인지 모르는 3인방.
더 이상 궤변과 변명을 늘어놓지 마라.

대국민 사과를 해도 모자랄 판이다.

2019. 5. 28

내가 부르면 누가 올까?

동생 집 반려견(까미와 랑이)은 달려오겠다.

국민 폄훼에 가까운 징계, 필벌(必罰)이 답

당원권 정지 3개월, 경고

예상대로다.

세월호 유가족을 비하한 정진석 의원과 차명진 전 의원에 대한 자유한국당의 비호가 눈물겹다.

희생자 조롱하기, 패륜적 막말 일삼기, 상처에 소금 뿌리는 징계하기.

5.18부터 세월호까지.
한심의 극치가 아닐 수 없다.

막말에 대한 징계가 신성불가침의 영역이라도 되는가?

'윤리위원회'라는 이름조차 아까운 자유한국당, 징글징글하다.

유족의 폄훼를 넘어 국민 폄훼에 가까운 징계를 내린 자유한국당은 공당으로서 유통기한은 끝났다.

국민의 아픔을 생각하지 못하는 시대착오적인 자유한국당.

필벌(必罰)만이 답이다.

2019. 5. 30

윤리위원회가 있기는 한 것인가?

'막말독려위원회'로 바꿔라.

정직하게.

하다하다 '별의별 막말'

자유한국당의 극한의 막말.

이제는 국익을 넘어 이적행위로 나아가고 있다.

자유한국당 정용기 정책위의장이 '김정은 위원장이 문재인 대통령보다 낫다'는 망언을 했다.

하다하다 '별의별 막말'이 등장한 것이다.

대통령을 '북한의 수석대변인'에 비유하며 국가와 국민 전체를 모독한 자유한국당.
이제는 본인들이 김정은 위원장을 칭송하고 있으니 '북한의 수석 참모'가 따로 없다.

게다가 심각한 인권문제로 대두될 수 있는 북한 고위 간부 숙청설을 희화화

시키고, 조롱거리로 삼았다는 점에서 반인륜적이고 야만적인 발언이 아닐
수 없다.

정 의장은 분별력을 상실한 것인가?
말이라고 다 말이 아니다.
비교할 걸 비교해라.

정용기 의장, "신상필벌이 중요하다"고 했는가?
걱정 붙들어 매시라.
'인권'과 '국격'을 훼손한 악행에 대해 국민이 반드시 벌을 내릴 것이다.

'막말 배설당'으로 전락한 자유한국당, 자진 해산이 답이다.

2019. 5. 31

개인적인 호불호를 떠나서

한 나라의 대통령이다.

야만적 발언은 사양이다.

금수(禽獸)보다 못한 인간은 되지 말자.

"골든타임은 기껏해야 3분"

자유한국당의 역대급 막말 퍼레이드는 오늘도 경신(更新)중이다.
민경욱 대변인은 도대체 무슨 말이 하고 싶었는가?
골든타임 3분 지나면 구조와 수색은 포기하라는 말인가?
유가족의 침통한 심정에 위로는 못할망정 무슨 막말인지 묻고 싶다.

국민을 상대로
더 참혹하게, 더 잔인하게, 더 비정하게.

이런 '저급한 감수성의 소유자'가 국회의원이라는 사실이 참담하다.
비극적인 사고까지도 '정쟁의 대상'으로 삼는 대변인.
막말이 '최상의 가치이자 유일한 관심사'인 대변인.
이쯤 되니 인간과 금수(禽獸)의 경계가 모호해진다.

야당의 역할이 밤낮으로 트집거리 찾아내기, 흠집내기, 막말하기가 아니다. 비극적 사고 앞에 다른 나라 사람들도 "미안하다, 죄송하다"며 안타까움을 표하고 있다.

제발! 금수(禽獸)보다 못한 인간은 되지 말자.

2019. 6. 2

민경욱
5월 31일 오후 7:39
안타깝습니다. 일반인들이 차가운 강물 속에 빠졌을 때 이른바 골든타임은 기껏해야 3분입니다.

헝가리 부다페스트 다뉴브강에서 한국인 관광객이 탑승한 배가 침몰해 한국인 탑승객 33명 중 7명이 구조되고, 7명이 사망하고 나머지 탑승객이 실종된 상태.

제 정신인가?

금수(禽獸)의 언급조차
민의원에게, 사치라는 생각이 든다.

막말 단상(斷想) - 한선교 편

1. 나의 언어의 한계는 나의 세계의 한계를 의미한다.

5.18 막말, 세월호 막말, 달창 막말, 대통령 비하 막말, 3분 막말,
'걸레질'...
당대표, 원내대표, 정책위의장, 대변인, 사무총장
하나같이 정상이 없다.
자유한국당의 한계다.

2. 입은 화를 부르는 문이고, 혀는 몸을 베는 칼이다.

막말 배설당의 위엄
천박한 언어 구사력의 소유자 한선교.

혀를 다스리는 정치인이 되라.

#3. 막말 계주

시도 때도 없이 나오는 막말
국민들의 외면을 받을 '망신 덩어리'

다음 타자는 또 누구인가?

2019. 6. 3

#최고위원회의 #백그라운드브리핑 #걸레질 #바닥

국회에서는 최고위원회 직후에, 복도에서 기자님들과 비공식적 질의응답을 한다.(백그라운드 브리핑)
복도에 의자가 없는 관계로 보통, 복도의 바닥에 앉아서 기자들은 대기하면서 노트북을 사용한다.

그런 기자들을 향해
"아주 걸레질을 하는구먼. 걸레질을 해"

기자들의 열악한 취재환경을 고려하지 못한 저열한 발언이 아닐 수 없다.

"이렇게 차가운 바닥에 앉아 있어서 어떻게 하나"
또 다른 정치인과 너무도 비교되는 모습이다.

90분 특강에 1550만원

'90분 특강에 1550만 원'

오로지 개인 1명에게 돌아가는 노동의 대가다.
휴머니즘인 척, 정의로운 척, 남 돕는 척.
'척 박사', 김제동씨의 고액 강연료가 논란이다.

'88만 원 세대', '청년 실업' 등에 대해 핏대를 세웠던 김제동 씨.
뒤에서는 '국민 세금 뜯어 먹기'를 하고 있는 것인가?

위선의 극치다.
재정자립도가 열악한 대덕구청, 제 정신인가?
청소년을 대상으로 한 강연에서 고액 비용을 책정하고, 편파 방송의 달인을
청소년 앞에 우상처럼 내세운 안목이 비루하다.

세금으로 치장된 김제동 씨의 화려한 활동 뒤에 무슨 지원과 배경이 있는

것인지 묻지 않을 수 없다.

'블랙리스트'로 피해자라고 자처했지만 어느새 '최대 수혜자'가 되어버린 김제동 씨.

정년 청년을 생각하고 위한다면, '8350원x1시간 30분'이 마땅하다.

2019. 6. 5

아침 08시15분에 시작해서 그날의 이슈 종료시까지.
주말과 공휴일은 상시대기.

대변인은 얼마를 받아야 하나?

'무보수'라면 깜짝 놀라겠지.

하려고 하면 '방법'이 보이고,
하지 않으려고 하면 '핑계'가 보인다.

국회가 멈춘지 70일째.
국회의 문은 닫히고, 국회를 향한 국민의 기대도 닫혔다.
참으로 부끄러운 국회다.
더불어민주당과 자유한국당의 존재이유는 무엇인가?

국회는 입법 기관이다.

민생법안을 비롯한 시급한 현안들이 쌓여있다.

언제까지 서로 물어뜯기만 할 것인가?

국회 개원 여부를 놓고 여야가 '어깃장 놀음' 할 때인지 묻고 싶다.
국민의 삶에 걸림돌이 되기로 한 모양이다.

세비만 꼬박꼬박 챙기는 염치없는 국회의원.

놀며 받는 세비는 반납해라.
국민의 인내심이 한계상황에 와 있다.

하려고 하면 '방법'이 보이고, 하지 않으려고 하면 '핑계'가 보인다.
양극단의 두 정당에 묻겠다.

'방법'이 보이는가? '핑계'가 보이는가?

국회 등원은 선택(選擇)이 아니라 당위(當爲)다.

2019. 6. 14

70일 무단결근.
일반 직장생활에서 가능하다고 생각하는가?

제발, 국민의 상식선에서 일하자.

무노동 유임금
가당치도 않는 소리다.

생각도 탁(濁), 입도 탁(濁), 행동도 탁(濁)

"진짜 어쩌라는 것인지 잘 모르겠다."

탁현민 대통령 행사기획 자문위원이 과거 자신의 저서에서 논란이 된 여성
비하에 대해 밝힌 내용이다.

철면피에 부도덕은 탁현민의 기본소양인가?
야만적인 감수성과 범죄에 가까운 성의식의 소유자 탁현민.
후안무치의 변명으로 국민을 우롱하지 마라.
탁현민은 '가해자'지 '피해자'가 아니다.

"어떻게 책임져야 할지 모르겠다"는 말 자체가 이중성과 위선의 방증이다.
국민에게 불쾌감과 모욕감을 안겨주는 탁현민.

"책 내용과 공직 수행은 거리가 있다"고 했는가?
생각도 탁(濁), 입도 탁(濁), 행동도 탁(濁)이다.

청와대에 있는 것이 대한민국의 수치(羞恥)다.

진정한 사과는 말과 함께 적절한 행동이 수반되어야 한다.
삐뚤어진 성의식은 시간이 흘러가면 저절로 해결되는 문제가 아니다.
오만방자의 촌극은 멈추고 청와대 밖으로 나와라.
그게 책임정치다.

2019. 6. 22

말과 행동이 다르면
말이 거짓일 경우가 많다.

행동으로 책임을 보이지 않는 탁현민.

"어떻게 책임져야 할지 모르겠다" 는 그의 말은 거짓일 가능성이 높다.

내리고, 흔들고, 웃고, 박수치고, 격려하고

자유한국당, 일찌감치 상식을 내던진 줄은 알았다.
바지 '내리고', 엉덩이 '흔들고', 당대표는 '웃고', '박수치고', '격려하고'
자유한국당의 여성 행사에서 발생한 일이다.

황교안 당대표는 '박수갈채'에, '좀 더 연습하라'는 격려도 아끼지 않았다고
하니 무슨 말이 더 필요한가?

비상식적인 언행만 일삼는 자유한국당.
민망함을 넘어, 무엇이 문제인지도 모르는 '폭력적 성 인식'에 경악을 금할
수 없다.

국민이 우스운 것인가? 국민의 소리를 듣지 못하는 것인가?

경솔하고 천박한 제1야당의 수준.
매일 매일이 놀랍다.

공당의 자격을 논하기 앞서, 동시대를 같이 살아가는 것만으로도 수치스럽
다.

재활용도 안되는 흉물.
폐기가 마땅하다.

2019. 6. 27

당혹스럽고
얼굴이 화끈 거린다.

그런 논평이다.

'왜곡'과 '여론조작'은 문재인 정권의 트레이드마크인가?

문재인 후보 '좋은' 영상 및 SNS 문구를
안철수 후보 '나쁜' 영상 및 SNS 문구를

'왜곡'과 '여론조작'의 피조물인 문재인 정권이 목불인견이다.

19대 대선 당시, 문재인 후보를 돕기 위한 불법 선거운동 혐의로 기소된 장영달 전 의원이 벌금 500만원을 확정 받았다.

'바둑이에 이어 장영달'까지 안철수 죽이기에 올인.
불법 아닌 곳이 없다.

당시 안철수 국민의당 후보에 대한 부정적 여론을 조성하기 위해 물심양면으로 후보를 깎아내리는 각종 자료와 기사를 올리고 전파했다.

졸렬한 방법으로 민주주의를 농간하고, 타 후보를 더럽혀 권력을 찬탈한 정권. 부끄럽기 짝이 없다.

문재인 정권의 '도덕성, 정당성의 누수'는 처음이 아니다.

김경수 지사와 드루킹을 비롯한 '불법 여론조작'은 현재 재판이 진행 중인 살아있는 의혹이다.

문재인 후보 공동선대위원장이었던 장영달 의원.
문재인 후보 공보 특보, 수행팀장이었던 김경수 지사.

'습관적인 불법'에 기대할게 없는 정권이 된지 오래다.
끝으로 문재인 대통령께 묻겠다.

최측근들이 벌인 '불법 퍼레이드'에 정말 무관한가?

2019. 7. 5

안철수 전 대표.
테크닉은 투박하지만, 공적심성으로 공공재의 역할을 할 수 있는 사람

바둑이부터 장영달까지
어쩌면
청와대까지.

사적심성만 가득하니 나라가 이 모양이다.

'X 사랑' 이해찬 대표에게 드리는 고언(苦言)

다음 중 옳지 않은 것에 'X' 표시를 하시오.

1. 민생을 망친 '소득주도성장'..........(X)

2. 급격한 '최저임금 인상'..........(X)

3. 최악의 '실업률'..........(X)

4. 기업을 옥죄는 '규제 정책'..........(X)

5. 적폐청산의 가면을 쓴 '정적청산'..........(X)

6. 외교무대에서의 '코리아 패싱'..........(X)

7. 내 사람만 먼저인 '인사 참사'..........(X)

8. 말로만 평화를 외치는 '안보 참사'.........(X)

9. 이념으로 얼룩진 '교육 정책'.........(X)

10. 내 집 마련의 꿈을 짓밟은 '부동산 정책'.........(X)

당내 옳은 소리도 막아서는 'X 사랑' 이해찬 대표님.

'X'표는 이럴 때 쓰는 것입니다.

2019. 7. 5

일본의 경제보복에 대한, 당내 정부 비판이 나오자, 이해찬 대표가 민주당 의원총회에서 손으로 X를 그렸다.

X와 O를 활용해 논평을 작성하기로 했다.

문 정권이 야심차게 '내 놓은' 자식들을 만들어 봤다.
1,2,3,4,5,6,7,8,9,10

민주당과
헤어져야 할 이유가 많다.

이해찬 대표님.
'O'는 이럴 때 쓰면 됩니다.

하는 짓마다 가관, 조국 수석

인사 참사의 주역 '조국', 하는 짓마다 가관이다.
논문 표절 의혹, 자녀 학교폭력 사건 갑질 논란, 사학재벌 논란.
자신의 각종 의혹에 대한 해명자료를 여당 의원에게 보낸 것이다.

무능과 무책임의 표본 '조국 민정수석', 탐욕의 끝을 몸소 실천하고 있는 모양이다.

조 수석은 공식적으로 법무부 장관 후보자가 되었는가?
의혹은 대통령의 지명 후에 청문과정에서 밝히면 될 일이다.

말도 많고, 탈도 많은 조국.
무능함은 이미 검증되었다.

또 다른 자리를 탐하며 해명자료를 보낼 때인지 묻지 않을 수 없다.

능력은 없고, 욕심만 있는 조국.

법무부장관행을 향한 조급증이 빚은 볼썽사나운 모습이 유감이다.

'커피 잔 들고 서있기', '남 의식하며 머리카락 손으로 넘기기', 'SNS 오지랖 정치하기'가 특기인 조국.

잿밥에만 관심이 있는 조국, 낯부끄러운 행동은 멈춰라.

참 오래 버텼다.

2019. 7. 7

〈 하고 싶고, 안 보고 싶고 〉

민정수석도 하고 싶고
법무부 장관도 하고 싶고
교수도 하고 싶고
정치도 하고 싶고
SNS도 하고 싶고

민정수석으로 안 보고 싶고
법무부 장관으로 안 보고 싶고
교수로 안 보고 싶고
정치인으로 안 보고 싶고
SNS도 안 보고 싶고

묻겠다. '나 홀로 한가한' 문재인 대통령께

묻겠다.

지금 기업인을 만나는 게 가장 중요한가?

긴박한 한일 갈등 상황 속에 '나 홀로 한가한' 사람이 있다.

난데없이 튀긴 불똥으로 비상 대책 마련에 바쁜 기업인들을 불러다 놓고,

'쇼통의 병풍'으로 이용하는 문재인 대통령 이야기다.

"정부만으로는 안 되고, 기업이 중심이 되어야 한다"고 했는가?

추상적, 원론적 대안만 쏟아낸 '무대책의 절정판'인 간담회.

타의 추종을 불허하는 '무능 정권'답다.

이번 사태는 기업의 잘못이 아니다.

정부의 외교 무능의 책임이 결코 가볍지 않은 상태에서 기업과의 공동 책임인 것처럼 위장하지 마라.

문 대통령은 외교 협상으로 돌파구를 찾아라.

우리나라가 우왕좌왕하는 사이, 일본은 한일 갈등을 대북제재로 연결 지으려는 모략까지 펼치고 있다.

아베 총리를 조속히 만나, 당면한 한일 갈등을 풀기 위해 담판을 지어야 한다.

어느 누구나 할 수 있는 언사가 아니라 대통령이 할 수 있는 일을 스스로 찾아야 할 때이다.

시간이 없다.

2019. 7. 10

(눈만) 꿈뻑 꿈뻑,
(입만) 쩝쩝
(얼굴은) '두리번 두리번'

나 홀로 '유능한' 대통령이 되길

'유통기한이 끝난 식품'이 식료품 매대는 왜 기웃거리는가?

허술한 입이 또 화를 불렀다.
'편 가르기의 표상' 유시민, 습관적인 버릇이 다시 나왔다.

'아베를 편드는 듯한 발언을 하는 분들이 있다'며, '동경으로 이사를 가라'고 빈정거린 것이다.

문재인 정부의 정치외교 역량을 비판하는 게 아베를 편드는 행위인가?

생산적인 비판마저 갈라치기의 대상으로 삼는 유시민.
국민의 말과 뜻을 호도하는 허점투성이의 발언이다.

외교에서 발생한 불을 끄지 못해 경제 분야까지 번졌고, 우리 기업과 경제는 악화일로다.

상황이 이런데도 '나 홀로 국민 분열'에 솔선수범하는 유시민이다.
현 정권의 무능은 보지 못하고, 건전한 비판도 친일로 몰아가려는 유시민식 공작에 혐오감이 든다.

정치는 관심이 없다면서, '참견의 정치', '소음의 정치'를 앞장서 실천하는 유 이사장.

'유통기한이 끝난 식품'이 식료품 매대는 왜 기웃거리는가?
정치를 어지럽히는 유시민의 소음 배출, 끝낼 때가 됐다.

오지랖도.

2019. 7. 13

'유통기한이 끝난 식품'이 식료품 매대를 기웃거릴 때, 내게 나타나는 증상.

토요일에 노트북을 기웃거리게 한다.

짜증이 나며 비속어가 나온다.

정신건강에 위태로움을 느낀다.

갈수록 태산, 막말배설당

"어찌 보면 세월호 한 척 갖고 이긴 문 대통령이 낫다더라."

다시 시작된 수준 이하의 막말 퍼레이드.

갈수록 태산, '막말배설당' 정미경 최고위원의 발언이다.

문재인 대통령의 '이순신 장군과 12척 배' 발언을 비판하면서 세월호 참사에 빗댄 댓글을 인용한 것이다.

정 최고위원은 할 말과 해서는 안 될 말의 구분조차 하지 못하는 것인가?

분별력을 상실한 정 최고위원, 비교할 걸 비교해라!

생명에 대한 국가의 야만성이 만천하에 드러난 세월호 참사.

그 앞에 비아냥과 조롱이 있을 수 없다.

제 1야당의 최고위원이라면 풍자와 막말 정도는 구분해라.

대안은 없고 막말만 있는 '요지경 자유한국당'.

침묵하고 있는 다수의 국민들을 우습게 보지 마라.

상상 초월의 천박한 발언을 참는 것도 한계가 있다.

말이면 다 말이 아니다.

사람이 다 사람이 아니다.

사람이 아니다.

2019. 7. 15

언어는 존재가 머무는 집이라고 하는데
정미경 의원이 머무는 집은 수리가 시급해 보인다.

곧 장마다.

조국 민정수석 관련 단평(短評)

– 페북歌

이 몸이 죽고 죽어 일 백번 고쳐 죽어

백골이 진토 되어 넋이라도 있고 없고

페북 향한 일편단심이야 가실 줄이 있으랴.

페북 수석인가? 민정 수석인가?

18일에서 21일, 17개의 페북 글.

그에게 국민이란, '애국자' 아니면 '매국노'.

연일 쏟아내는 반일 선동에 정신이 혼미할 지경.

국민에게 득(得)은 되지 못할 망정, 독(毒)이 되진 말자.

2019. 7. 21

사람을 찾습니다.

잃어버린
'민정 수석'을 찾습니다.

자신을 '페북 수석'이라고 착각하는
특이사항을 발견할 수 있습니다.

기업은 'SOS' 조국은 'SNS'

조국의 신물 나는 '편가르기'가 끝이 없다.

SNS에 '한국의 일부 정치인과 언론이 한국 대법원 판결을 비방·매도하는 것이 무도(無道)하다'고 내뱉은 것이다.

정부에 대한 비판을 '친일'로 누명 씌운 조국.
이제는 '대법원 판결을 비방하는 일'로 둔갑시키려 하는가?

자신과 생각이 다르다는 이유로, '빨갱이'로 몰아가던 수구세력과 한 치도 다를 바 없는 조국이다.

기업은 SOS를 외치고 있는데, 민정수석은 SNS나 만지작거릴 때인가?

명불허전의 '페북 수석'이다.
상황이 이런데 청와대 반응도 가관이다.

SNS에 글을 게시하는 것에 대해 "법조인으로서 발언할 수 있는 사안"이라며 조국 편들기에 나선 것이다.

'국론 분열의 선구자 조국'을 비호하는 게 말이 되는 것인지 묻고 싶다.

한일 갈등의 상황이 매 순간 고비다.

고도의 현실감각과 이성으로 '냉정한 외교적 해법'이 절실한 때이다.

조국, 역량의 부족함을 알고 손가락 정치를 멈춰라.
손가락에 쥐나겠다.

2019. 7. 22

〈 손가락 정치인의 조건 〉

·장시간 문자입력에도 버틸 손가락이, 유난히 발달되어야 한다.
·손가락에 쥐가 나면 안 된다.
·손가락질 당해도 끄떡없어야 한다.

손가락 정치는 많이 보았느니,
그대의 유능함도 보여 주시길.

253

'모욕'과 '상욕'의 선구자, 민경욱

일본을 향해서는 '욕설', 문재인 대통령에게는 '친일파'.
자유한국당 민경욱 대변인, 참으로 가관이다.

자신의 SNS를 감정의 배출구로 삼아 일본과 대통령을 향해 막말을 쏟아낸 것이다.

'막말 정당'에 '막말 대변인'답다.

한일 갈등에 대해 차분하고 냉정한 해법을 내놓아야 할 시기에 뭐 하자는 것인가?

'천렵질' 발언으로 정치의 품격을 떨어뜨리더니, 이제는 '모욕'과 '상욕'의 조화를 몸소 실천하기로 한 모양이다.

선동에 막말까지 더했으니, 조국이나 민경욱이나 '난형난제'다.

정치를 넘어 언어의 품격까지 떨어뜨리는 민 대변인.

국민을 위한 시원한 소리는 못할망정, 화나게 만드는 말은 삼가시라.

삼복 더위에 날이 무척 덥다.

2019. 7. 24

자기 파괴적인 언어사용

자기 파괴적인 정치

자기 파괴적인 민경욱

민경욱 대변인의 습관적인 막말.

곧
자유한국당도 파괴할 기세다.

망가져도
저런 대변인은 되지 말자.

징계 풀린 김순례, 고삐 풀린 망아지

'당원권 3개월 정지'

5.18 망언자 김순례 의원에 대한 징계가 오늘부로 끝났다.

개선장군이라도 되는 마냥 '최고위원직'에 복귀하는 모습이 '인면수심'이다.

민주영령과 유가족을 욕되게 하는 김순례.

이미 최고위원으로서 자격박탈이다.

'법과 당헌당규'를 언급하며 김 의원의 최고위원 복직을 용인한 자유한국당.

또다시 반성의 기회를 내던졌다.

애초에 '당헌당규'까지 갈 필요도 없이, '상식'과 '인륜'의 도리에서 처리하면 될 일이다.

결국 5.18 기념식에 참석한 것도, 망언에 대해 엄중 대처하겠다는 공언(公言)도, 황교안 대표의 허언(虛言)이었던 셈이다.

징계 풀린 김순례.
더 이상 고삐 풀린 망아지는 되지 말자.

자정능력이 상실된 자유한국당.
더 이상의 기대는 없다.

괴물과 괴물이 켜켜이 눌어붙어 만들어진 '괴물집단'에 대한 국민의 심판.

이미 시작됐다.

2019. 7. 25

국민의 고통을 가볍게 여기는 국회의원과 정당

퇴출할 방법이 없을까?

'에프킬라'라도 챙겨 와서 국회에 뿌려야겠다.

'친문 검찰' 아닌, '국민 검찰'을 기대한다.

독립성, 중립성, 도덕성을 최고로 지켜야 할 검찰.
그 봉우리에 기어코 윤석열이 올라섰다.

'내 사람 챙기기', '위증', '말 바꾸기'.

자격 미달의 후보가 '적폐 청산'을 통한 정적 제거에 대한 공로로 검찰총장에 임명된 것인가?

역시 문재인 정권의 본질을 꿰뚫는 '코드 공식'이다.

오직 정권만 바라보는 '친문 검찰'로 전락시키지는 않을지 우려스럽다.

문재인 정권의 검찰에 대한 사적 탐욕이 가득한 이상, '검찰개혁'도 기대 난망이다.

칼자루를 쥔 윤석열 총장은 그 검을 살아있는 권력에도 겨눌 수 있는지 묻지 않을 수 없다.

윤 총장은 '국민과 함께하는 검찰'을 만들고 싶다고 공언했는가?
구호가 아닌 실천으로 입증해야 할 것이다.

말 바꾸기는 인사청문회로 족하다.

2019. 7. 25

윤석열 연관검색어

- 윤석열 부인, 김건희, 윤석열 자녀, 김건희 나이, 윤석열 재혼, 검찰총장 부인

'윤석열' 보다
'김건희'가 회자된 하루다.

'휴가를 휴가'라고 말하지 못하는 대통령

'휴가'를 취소했다.
대신 제주도에서 가서 가족들과 '휴식'을 취했다.

이것은 휴가인가? 휴가가 아닌가?

'휴가 취소'로 온갖 생색을 내던 문재인 대통령이 주말을 이용해 제주도에
다녀온 것으로 알려졌다.

대통령과 국민이 생각하는 휴가의 개념이 다른 것인가?

공식 일정 없이, 가족들과 함께 단란한 시간을 보내며 지인을 만나는 것이
휴가가 아니면 무엇인지 묻고 싶다.

참으로 '불가사의한 대통령'이다.

'휴가를 휴가'라고 말하지 못하는 대통령.

국민을 우롱하지 마라.

외교, 안보, 경제 파탄 속에, 국민의 삶이 백척간두에 놓여있다.

'초유의 국정대란' 책임의 정점에 서있는 문재인 대통령.

'휴가 반납쇼'는 멈추고, 유능한 대통령이 되라. 제발!

2019. 7. 30

휴가(休暇)-명사
직장·학교·군대 따위의 단체에서, 일정한 기간 동안 쉬는 일. 또는 그런 겨를.

휴식(休息)-명사
하던 일을 멈추고 잠깐 쉼.

휴가도 휴식도 틀렸다.

이 정권에 어울리는 단어는 '휴면'

사실상 '휴면 정권'에, '휴면 대통령'이다.

휴면(休眠)-명사
쉬면서 거의 아무런 활동도 하지 아니함.

집권욕(執權慾)에 눈 먼 민주당

민주당의 본심(本心)이 드러났다.

'한일 갈등'이 나라 전역을 강타하고 있는 상황에서, 민주연구원이 제작한 대외비 보고서가 논란이다.

"원칙적 대응을 선호하는 여론에 비춰볼 때 총선 영향은 긍정적일 것"이라고 적시한 것이다.

일촉즉발의 위기 앞에 '총선 호재'라고 했는가?
나라가 망하든 말든, 국민이 살든 죽든, 총선만 이기면 된다는 발상이 놀랍다. 집권욕(執權慾)에 눈 먼 민주당이다.

일본의 수출규제, 중러의 군사 도발, 북한의 미사일 실험까지, 모든 게 '아비규환'이다.

민주당은 '총선'이라는 단어조차 꺼낼 여유와 자격이 있는지 묻고 싶다.

국익보다 '표'가 먼저인 민주당.

반일감정을 만들어 총선의 '재료'로 활용하는 민주당.

이쯤 되니 나라를 병들게 만드는 '박테리아'같은 존재가 아닐 수 없다.

민주연구원은 '공식 입장'이 아니라고 했지만 이마저도 무책임함의 연속이다. '공식 입장'이 아닌 보고서가 소속 의원들에게 배포될 수 있는 것인가?

무책임과 몰염치의 '참 나쁜 민주당'

국민의 삶을 놓고 도박하지마라.

민주당의 총선 성찬을 위해 국민이 존재하는 것이 아니다.

민주당 아웃이다.

2019. 7. 31

장마로 날이 잔뜩 흐리다.
민주당의 오만함과 무능함에 마음도 흐리다.

언제 철들래?
(양정)철?

사케가 넘어가는가?

하는 짓마다 가관이다.

한 매체에 따르면 더불어민주당 이해찬 대표가 화이트리스트 배제 조치 직후 일식집을 찾아 사케를 마신 것으로 드러났다.

국민 우롱도 정도껏 해라.

"일본의 조치에 분노를 금할 수 없다."고 말한 이해찬 대표, 사케까지 곁들인 식사는 하고 싶었는가?

말 따로, 행동 따로 '믿지 못할 민주당'.
이율배반의 극치를 보여주는 집권당의 실체가 아닐 수 없다.

일본의 경제보복 조치로 국민의 분노가 최고에 달했다.

국민 정서와 동떨어진 당 대표의 분별력이 '휘청 휘청'.
정치권에 대한 국민의 기대도 '휘청 휘청'이다.

악화일로인 경제로 고통스러워하는 국민의 소리는 들리지 않는가?
몰랐다면 무능의 극치, 알았다면 위선의 끝판왕이다.

일본의 악재를 총선의 호재로 생각하는 민주당.
백색국가 제외 직후 사케 마시는 민주당 대표.

'될 대로 되라', '어쩌라고', '어떻게든 되겠지'라고 생각하는 모양이다.
'허점투성이' 이해찬 대표는 이쯤해서 당대표에서 물러나라.

찢어진 양심 앞에 다른 출구는 없다.

2019. 8. 3

반박논평을 내며
사케가 아니라 국산 청주 '백화수복'을 반주로 마셨다는 민주당.

문해 능력이 부족한 것인가?

백색국가 제외 직후, 일식집에서 '술'을 마셔도 된다는 말인가?

'반박논평'이 아닌
'반성논평'이 필요해 보인다.

이름은 조국(曺國), 구호는 애국(愛國)
행동은 파국(破局), 임명은 망국(亡國)

철면피도 이런 철면피가 없다.

사노맹 연루, 사모펀드 투자, 부동산 위장매매, 위장이혼, 위장전입, '낙제생' 딸의 장학금 특혜까지.

이름은 조국(曺國), 구호는 애국(愛國), 행동은 파국(破局), 임명은 망국(亡國) 인 조국 후보자다.

'흠결의 결정판 조국'으로 정신이 혼미할 지경이다.
이쯤 되니 '청문회'가 아니라 '재판정'이 더 어울리는 조국이다.
하루가 멀다 하고 페북을 일삼던 손가락 정치는 왜 본인 문제 앞에선 '정지 상태'인가?

세상 모든 일에 '싸구려 오지랖'을 보였던 조국,
본인과 가족을 둘러싼 의혹 앞에선 '싸구려 침묵'으로 변한 것인지 묻지 않을 수 없다. 법무부 장관은 누구보다 법의 잣대를 바로 세워야 할 자리다.

도덕적 일탈을 넘어 각종 범법 의혹까지 나오는 마당에 '법무부 장관'이 가당키나 한가?

조국(曺國)은 더 이상 조국(祖國)을 능욕하지 마라.

상상초월의 악취가 진동하는 조국.
자진 사퇴는 빠를수록 좋다.

법무부(法務部)가 법무부(法無部)가 될까 염려스럽다.

2019. 8. 20

철면피-쇠처럼 두꺼운 낯가죽이라는 듯으로, 뻔뻔스럽고 염치없는 사람을 이르는 말.

희대의 철면피, 조국

당해낼 자가 없다.

재인천하(在寅天下) 조국독존(曺國獨尊)

'불량 조국'의 오만함이 점입가경이다.

재판정에 가야 할 사람이 개혁을 완수하겠다며 생떼를 부리더니, 검찰개혁을 담은 정책을 발표했다.

재인천하(在寅天下) 조국독존(曺國獨尊)의 발상이 아닐 수 없다.

반칙과 편법으로 오염된 조국이 개혁을 외칠 자격이 있는가?

이미 '불량 조국'의 민낯이 만천하에 드러났다.
세치의 혀로 '잔기술'을 발휘할 때가 아니다.

검찰개혁보다 조국의 '인간개혁'이 시급해 보인다.

청문회는 사악한 위선자의 변명을 들어주는 자리가 아니다.

악질중의 악질인 조국에게 청문회의 기회를 주는 것조차 국민의 수치다.

어떻게 봐도, 누가 봐도 '사퇴만이 답'이다.

조국의 지명을 철회해야 할 이유가 날로 쌓여가고 있는 상황에서 문재인 대통령도 묵과할 일이 아니다.

법무부장관으로서만 부족한 게 아니라 일반 국민으로도 자격미달이다.

읍참조국(泣斬曺國)의 결단을 내려라.

조국의 수명이 다했다.

2019. 8. 26

재인천하(在寅天下) 조국독존(曺國獨尊)의 시대.

문재인 대통령은
조국을 더 이상 탐하지 마라.

국가적 손실이 이미 극에 달했다.

부디.
국민의 마음을 탐하는 대통령이 되길.

'조유상종(曺柳相從)'

편향적 의식으로 오염된 유시민의 조국 구하기가 꼴사납다.

"조 후보자가 직접 책임져야 할 상황은 한 개도 없다", "사람들은 조국을 완벽한 인물로 봤다", "인간이 무섭다는 생각이 든다"

감싸는 것도 정도껏 해야지 무슨 헛소리인가?
위선과 특혜로 점철된 조국이, 유시민의 눈에는 완벽해 보였던 모양이다.
조국이나 유시민이나 이중성은 '조유상종(曺柳相從)'이다.

조국에 대한 국민의 분노를 열등감으로 해석하는 저열한 유시민.
죄의식이 없는 것인가? 분별력을 상실한 것인가?

국민의 분노를 읽지 못하는 유시민은 진영 논리에 갇힌 꼰대일 뿐이다.
'조국의 난(亂)'의 핵심은 위선, 특권, 편법이다.
인간이 아니라 민심을 무서워해야 하는 것이다.

사람과 동물의 차이는 부끄러움을 안다는 것이다.

온갖 궤변으로 정권에 아부하지 말고 기본적인 양심부터 챙기며 살아라.
정치는 안 한다면서 정치적 발언은 계속 하고 싶은 유시민, 정부가 잘되길
원하는가?

칭찬만큼 비판도 날카로워져라.

2019. 8. 29

조국이 잠잠하면 유시민이
유시민이 잠잠하면 조국이.

두 사람의 소음 공해에 가까운 궤변을 듣고 있노라면 비위가 상한다.

조유상종(曺柳相從)
조국이나 유시민이나, 끼리끼리.

조유상종보다 더 좋은 말이 생각나지 않았다.

숨어 다녔다는 문준용 씨, 앞으로도 그러는 편이 낫겠다.

가만히 있으면 중간은 간다.

'삐뚤어진 조국 사랑'으로 국민의 분노를 유발하는 문재인 대통령에 이어
아들인 문준용 씨가 '조국 딸 수호'에 나섰다.

조 후보자의 딸과 관련된 의혹에 "자신의 실력과 노력이 폄훼되는 것은 심
각한 부작용"이라고 한 것이다.

부전자전의 '조국 사랑'이다.

성난 민심에 기름을 붓기로 한 것인가?

문 씨가 남긴 글은 '싸구려 오지랖'이자, '특권의식'의 발로일 뿐이다.
2, 3주 만에 논문 저자로 이름을 올리고,
지원 자격도 안 되는 대외활동에 버젓이 참가하고,

'낙제'를 받고도 황제급 장학금 특혜를 받은 것이 '실력'이고 '노력'인가?

기득권 부모 밑에서 자란 문준용 씨에게 '특혜'를 '실력'과 '노력'으로 생각하는 비상한 재주가 있는 모양이다.

악취나는 궤변은 멈춰라.

조국의 딸이 누린 특혜 대부분은 조국 부부가 만났거나 아는 사람을 통해서 이뤄졌다.

'자녀 특혜 의혹'은 조 후보자와 직결되는 문제인 것이다.

'한마디라도 실수할까 봐 숨죽이며 숨어 다녔다'던 문준용 씨.

앞으로도 그러는 편이 낫겠다.

2019. 8. 30

제발, 계속 숨어 다녀라.

뭐라고 할 말이.

273

이건 나라인가?

나라꼴이 진짜 우습게 됐다.
위선 ·편법·거짓의 화룡점정 조국이 법무부장관으로 임명된 것이다.
나라가 어떻게 되든 말든 '명불허전의 조국 사랑'이 놀랍다.

국론 분열의 표상인 조국을 임명한 문재인 대통령은 '민심뒤통수권자'가 되
기로 한 것인가?

국민을 능멸하며 법과 정의를 뭉개버린 '구제불능의 임명'이 경악스럽다.
법무부장관은 대한민국의 법치주의를 실현하는 큰 축이다.

고소·고발로 점철된 조국과 '법치 분쇄기' 가족 등 일가가 검찰조사를 받고
있는 상황에서 법무부장관으로 임명하는 게 말이 되는가?

조국은 검찰개혁이 아니라 인간개혁이 시급한 사람이다.
'수치심 모르는 조국'으로 법무부(法務部)는 이제, '법이 없는 부처'(法無部)가

됐다.

분열과 갈등의 화신인 문 대통령, 낮 부끄러운 줄 알아라.
불통과 독선을 챙기고, 공정과 양심을 버린 오늘은 역사의 수치로 기록될 것이다. 조국 임명으로 인한 '회복불능의 혼란', 대통령이 전적으로 감당해야 할 것이다.

문 정권은 국정 전면에 내세운 '평등·공정·정의'의 간판을 당장 떼라.
'싸구려 위선 정부'에서 쓸 단어가 아니다.
 끝으로 문 대통령에게 묻겠다.

이건 나라인가?

2019. 9. 9

조국의 임명을, 강행할 것이라 생각했던 나.
논평을 미리 써 놓고 뒤늦은 휴가를 왔다.

예상대로다.
조국 임명

이게 나라냐→ 박근혜 정부
이건 나라냐→ 문재인 정부
·
이게 나라다→ 김정화 정부
막연히 꿈꿔본다.

조국의 '망상적 영웅 심리', 끝낼 때가 됐다

보통 사람이 아니다.
보통 가족이 아니다.
보통 장관이 아니다.

조국 법무부 장관 딸 비공개 소환조사, 의학논문 고려대 대입 당시 제출, 5촌 조카 구속수감

'대놓고 거짓말을 하기', '모른다며 우기기'가 특기인 조국의 민낯이 갈수록 태산이다. 위선의 실체가 드러나고 있는 상황에서 조국이 취임 인사차 국회를 찾았다.

국회와 국민을 우롱하기로 한 것인가?

파렴치한 조국이 법무부 장관직에 있다는 것은 국치(國恥)다.

어떻게 이렇게 죄의식이 없을 수 있는지 묻지 않을 수 없다.

삶 자체가 거짓과 위선으로 점철된 조국을 바라보는 국민의 절망감이 깊다.

전 국민을 공개적으로 능욕한 조국은 훼손된 공정과 정의를 위해 도려내야 할 암적인 존재인 것이다.

조국은 내가 아니면 검찰개혁이 안된다는 '망상적 영웅 심리'는 이쯤해서 포기해라.

자의든 타의든 법무부 장관 자리는 조국에게 과분하다.

국민은 '불량 장관'이 아니라 '보통 장관'을 원한다.

2019. 9. 17

보통 사람이다.
보통 기족이다.
·
·
·
보통 대변인은 아니다.
조국 잡는 대변인.

'국군뒤통수권자'가 되기로 한 문재인 대통령

전상(戰傷)을 전상(戰傷)이라 부르지 못하는 문재인 정권,
정부가 갖춰야 할 최소한의 예의도, 상식도 없었다.

보훈처가 북한의 목함지뢰로 다리를 잃은 하재헌 중사에게 '전상(戰傷)'이 아
닌 '공상(公傷)'이라는 판정을 내린 것이다.

애국영웅에게 '호국의 명예'는 빼앗고, '굴욕의 명예'만 안긴 문 정부.

문재인 대통령은 '국군뒤통수권자'가 되기로 한 모양이다.

북한의 눈치 보기 때문인가?

아니면, 한 풀이 정치에 골몰해서 전 정부의 영웅마저 지우려 하는 것인가?

대한민국을 '보훈'도 모르는 '근본 없는 나라'로 만들어 버린 진짜 이유가 무

엇인지 묻고 싶다.

부정적인 여론을 의식해 대통령은 선심 쓰듯 법조문을 탄력적으로 검토하라고 했다.

법조문의 문제가 아니다.
정상적으로 북한의 도발임을 인정하지 않아 이런 판정이 내려진 것이다.

'보훈은 제2의 안보'라고 했던 대통령의 구호는 여전히 유효한가?

보훈처장 및 관계자들에 대한 엄중 문책과, 세밀한 관련법 정비로 진정성을 보여라.

나라를 위해 희생한 분에 대한 최고의 존경과 예우.

탄력적으로 운영할 일이 아니다.

2019. 9. 18

보훈을 제 2의 안보라고 말했던 대통령.

국민의 믿음과 의리를 걷어차며 뒤통수를 쳤다.

무엇을 주제로 할까 고민하다 '뒤통수'를 부각하면 좋을 것 같다는 생각이 들었다.

그렇게
민심뒤통수권자에 이어
국군뒤통수권자로.

항시
'뒤통수'를 경계하자.

남은 임기동안
'뒤통수권자'를 경계하자.

마루타도 '임상 알바' 라고 할, 류석춘 교수

인간에 대한 최소한의 예의를 찾아볼 수 없었다.

류석춘 연세대 교수가 "위안부는 매춘의 일종", "궁금하면 (매춘) 한번 해볼래요"? 라며 '천인공노할 오물' 을 쏟은 것이다.

'얄팍한 지식'과 '간악한 혀'로 일제의 만행을 용인한 사실에 분노를 느낀다.

위안부가 자발적 매춘이라고 했는가?

마루타도 '임상 알바'라고 말할 사람이다.

가슴 아픈 역사 앞에, 칼을 꽂는 막말을 보니 자유한국당 혁신위원장 출신답다.

위안부 피해자를 가해자로 만든 류석춘은 더럽고 추한 말로 살인을 저지른,

'정신적 살인자'다.

비루하고 천박한 지식으로 해악만 끼치는 사이비 지식인 류석춘.

연세대는 친일파 교수의 궤변을 묵인할 생각이 아니라면 엄중 조치해라.

망상에 사로 잡혀 '반인륜적 강의'를 일삼는 사람이 강단에 서는 게 말이 되는가?

학교의 명예를 넘어 국민 모두의 명예가 걸렸다.

즉각 파면이 답이다.
.
.
.

수치스럽고 혐오스러워 더 이상 논평도 못하겠다.

2019. 9. 21

빈약한 역사 의식과, 오물에 가까운 발언으로 국민에게 모욕감을 준 류석춘 교수.
논평을 쓸 수밖에 없는 현실이 그저 개탄스럽다.

모교의 슬로건
'진리가 너희를 자유케 하리라'

류석춘 교수의 파면으로
오염된 슬로건을 씻어내야 할 것이다.

부끄럽다.

문(文)드러진 양심, 문재인 대통령께 드리는 고언

문재인 대통령님.

묻고 싶은 것이 있습니다.
당신께 조국 법무부 장관은 어떤 존재입니까?
국민이 생각하기에 대통령은 국민은 안중에 없고, 오로지 '조국 강박증'만
있는 사람 같습니다.

그렇지 않고서야,
'우환덩어리 조국'을 임명 하셨겠습니까?
'인권 존중'을 운운하며 검찰을 압박 했겠습니까?

상식과 정의에 '침을 뱉는' 대통령이 되기로 한 것인지 묻고 싶습니다.

대통령님의 '망상적 조국사랑'으로 가뜩이나 심각한, 사회의 분열과 갈등이
극한으로 치달았습니다.

정녕, 나라를 '재인천하(在寅天下) 조국독존(曺國獨尊)'으로 만들 생각입니까?

국민은 '일상이 거짓으로 도배된' 조 장관이 수치스럽습니다.
최근 청와대와 여당의 노골적인 검찰 외압을 바라보며, 국민들은 대통령님
의 검찰개혁의 진정성마저 거짓이며 위선이라고 외치고 있습니다.

겉으론 '검사와의 대화' 안으론 '검사와의 통화'를 하는 조국 장관의 기만적
인 이중성을 보며, 국민은 개탄하고 있습니다.

문재인 대통령님.

이제 국민들은 달을 보며 소원이라도 빌고 싶은 심정입니다.
'제발, 대통령이 아집을 버리고, 조국 장관 임명 철회의 결단을 내려주기 바
란다'고 말입니다.

국민이 위임한 권한을 '내 사람 지키기'에 오용하는 것은 결코 용납할 수 없
습니다.

가족들의 편법적 사익 추구를 철저히 방관해온,
어쩌면 본인조차 그 비리의 당사자일지 모르는 사람은 사법질서를 지켜낼
자격이 없습니다.

더 이상 불편한 진실을 외면하지 마십시오.

이런 자를 무비판적으로 옹호하는 대통령 또한 국정을 이끌 자격이 없습니
다.

문재인 대통령님께 간곡히 요청합니다.

나라를 해치는 '해국(害國)'말고,
나라를 사랑하는 '애국(愛國)'하십시오.

조국 장관에 대한 무한 사랑은 국민을 혼란에 빠뜨리고 대한민국을 해치는
'해국(害國)'입니다.

대통령이 무능에 신념만 가지면 재앙이 됩니다.

조국 장관을 해임하고, 무너진 '정의'와 '공정'의 원칙을 회복하십시오.

분열된 국론을 결집해서 국민 통합을 이뤄내는데 만전을 기하십시오.

문(文)드러진 대통령의 양심,
대통령님의 마지막 결단을 기다리겠습니다.

2019. 9. 28

매주 토요일 광화문에서

'불량 조국 퇴진'을 주제로 집회를 했다.

어김없이 광화문으로 가는 길.

오후에 배포한 논평을 광장에서 낭독해볼까 생각했다.

문드러진 문정부의 양심과 도덕성.

온 마음을 다해 절규하면

온 마음으로 '위선자 조국'을 구하려는, 대통령에게 들릴 수 있을까?

조국, '이 악물고' 출근 안 해도 된다.

역대급 '후안무치'다.

조국 장관이 "검찰 개혁은 국민의 준엄한 명령이다"며, 검찰의 고삐를 더욱 틀어쥐겠다는 야심을 드러냈다.

개혁의 대상자가 개혁을 운운하는 낯부끄러운 발언이다.

자신을 향해 다가오는 검찰의 칼날을 무디게 만들겠다는 '검찰 외압 선언'인지 묻고 싶다.

'검찰 개혁'이라는 당위의 문제를 악용해 국민을 호도하고, 호도된 여론으로 자신의 지지 기반을 만들어 나가는 '독선의 악순환'이 개탄스럽다.

'녹슬어버린 문제의식'과 '죽어버린 양심'이다.

촛불을 운운하며 본질을 호도하지 마라.

국민은 검찰개혁의 적임자가 '왜 조국인가' 묻고 있다.

정권의 추악함과 조국의 위선이 밝혀지면, '서초동의 촛불'은 '문재인 정권을 심판하는 화염'이 될 것이다.

악조건에서 매일 이를 악물고 출근한다고 했는가?
'이 악물고' 출근 안 해도 된다.

법무부장관의 자리는 위선의 끝판왕, 조국의 것이 아니다.

2019. 9. 30

'이 악물고' sns중독 끊어라.
'이 악물고' 이제 떠나라.

'이 악물고' 계속 보기 힘들다.

'야당과의 대화' 걷어차기

고집불통 이해찬 대표가 '야당과의 대화' 걷어차기에 나섰다.

당파를 초월해 여야가 모여 현안에 대해 논의하고 해법을 모색해보는 '초월회'에 일방적으로 불참한 것이다.
집권 여당 대표의 '자격 없음'을 드러내는 '빈약한 투정'이 아닐 수 없다.

'초월회가 민생의 장이 아니라 정쟁을 위한 성토의 장'이라고 했는가?
'오매불망 장기집권'만 외친 이해찬 대표, 민생을 운운하지 마라.

자격미달이다.

'불량 조국' 한 사람으로 조국이 두 동강났다.

'정치의 부재', '정쟁의 만연'을 누가 만들었는지 묻지 않을 수 없다.

진영을 떠나서 공존과 통합을 모색해야 할 상황에 여당 대표의 투정이 개탄
스러울 뿐이다.

모든 정쟁의 '원흉'은 청와대와 조국에 있다.

보고 싶은 것만 보고, 듣고 싶은 것만 듣는 이해찬 대표.

그의 오만과 독선에 '모자이크 처리'가 필요하다.

국민들의 마음을 고려해....

2019. 10. 7

이해찬 대표는
'기자와의 대화'걷어차기로 유명하다.

이어
'야당과의'대화 걷어차기에 나섰다.

또
무엇을
걷어찰 생각인가?

독단·아집·권위부터 걷어차시라

그래서 조국은 어떻게 할 생각인가?

'국민의 의견이 나뉘는 것은 있을 수 있는 일', '국론 분열로 생각하지 않는다.' 문재인 대통령의 부실한 상황인식이 절망스럽다.

조국 장관 때문에 나라가 파탄 직전인데, '나 홀로 한가한' 대통령이다.

'위선 조국 일가'의 비리가 만천하에 드러났음에도 장관에 임명한 문 대통령.
대립과 분열의 원흉이 자신이었음을 모르는가?

문제를 문제라고 인식하지 못하는 대통령.
'문이독경(文耳讀經)'이 아닐 수 없다.

그러면서도, '검찰개혁 법안을 조속히 처리해 달라'며 지금의 혼란에 대한 책임을 정치권으로 교묘히 돌리는 '간악한 무책임함'도 유감없이 드러냈다.

이런 사고방식으로 어떻게 사회적 갈등을 봉합하고, 정상적인 국정 운영을 해나갈 수 있을지 의문스럽다.

정작 국민 다수가 조국 사퇴를 외치는데, 한 마디의 언급도 없는 대통령.

그래서 조국은 어떻게 할 생각인가?
조국에 대한 '비정상적 사랑'에 국민은 분통이 터질 지경이다.

최악의 국론 분열 사태의 책임,
이제 더 이상 조국 장관 혼자만의 것이 아니다.

부디, 조국을 버려 양심과 상식을 세워라.

2019. 10. 7

우이독경(牛耳讀經)
-소귀에 경 읽기
우둔한 사람은 아무리 가르치고 일러주어도 알아듣지 못함을 비유하여 이르는 말.

문이독경(文耳讀經)
- 대통령 귀에 경 읽기

국론분열을 국론분열이라 인식하지 못하는 사람을 비유하여 이르는 말.

한국의 괴벨스, 유시민

거짓말은 처음에는 부정되고,
그 다음에는 의심받지만,
되풀이 하면 결국 모든 사람이 믿게 된다.

- 파울 요제프 괴벨스 -

히틀러에게 괴벨스가 있다면, 조국에겐 유시민이 있다.

증거인멸 의도는 없었다.(알릴레오)
증거인멸 시인 발언은... (숨길레오)

'곡학아세의 끝판왕' 유시민, 조국 비호를 위해 악의적인 편집까지 감행한
것인가?

'유튜브 언론인'을 참칭하며, 온갖 궤변으로 '비상식의 상식화'를 도모하는 야바위꾼 유시민의 행태에 분노를 금할 수 없다.

'진보의 가치'를 실현시키려 한 사람의 얄팍한 세계관이 역겹다.

거짓을 진실로 만들며 '정권의 촉새'를 자임하고 나선 유시민.

최소한의 죄의식은 챙겨라.

유시민의 악취 나는 선동, 사회악이다.

2019. 10. 10

유시민 이사장에게

"거짓말도 100번을 하면 진실이 되고 매일매일 반복하면 신념이 된다."

하 수상한 시절, '윤석열 별장 접대' 보도

수상한 시절, 수상한 기사가 있다.

한 언론사가 '윤중천 씨가 윤석열 검찰총장에게도 별장 접대를 했다'며 '해당 의혹에 대해 검찰이 수사를 덮었다'는 보도를 했다.

'조국 수사 무력화'를 위해 '윤석열 총장 흠집 내기'를 감행한 것인지 묻고 싶다. 충격적인 보도 내용과 달리, 여러 정황과 반박으로 기사의 신빙성이 흔들리고 있다.

조국 일가 비리 의혹에 대한 수사가 절정에 달한 시점에 이 같은 기사가 보도된 것이 우연의 일치인가?

특히, '윤 총장의 별장 접대' 의혹을 검찰에 전달했다는 '대검찰청 검찰과거사진상조사단'이 청와대 입맛에 맞는 친여성향, 민변출신 인사로 구성되어 있다는 점도 의심스러운 대목 중 하나다.

뿐만 아니라, 진상조사단이 '법무부 검찰과거사위원회'의 실무기구라는 점에서, 조국 법무부 장관이 연루된 점은 없는지도 밝혀져야 할 부분이다.

중립성과 객관성에 사활을 걸어야 하는 언론사마저 진영 논리에 편승해 기사를 양산해내고 있는 것은 아닌지 안타까울 뿐이다.

설령 해당 기사가 신빙성이 있다 해도, 문재인 정권이 윤석열 총장을 파면할 자격이 없다.

'의혹만으로 임명하지 않는다면 나쁜 선례'라며 조국 임명을 강행하던 문재인 대통령.

윤석열 총장에 대한 의혹이 전면 규명되기 전까진 그의 행보를 막아선 안 될 것이다.

검찰은 조국 수사는 원칙대로 해나가되, 해당 기사의 의혹이 한 줌도 남지 않도록 실체적 진실을 규명하는 일에도 총력을 다해야 한다.

조국 수호를 위한 어떠한 농간도 있을 수 없다.

2019. 10. 11

1) "하, 오타 아닌가요?"
   논평을 쓰면, 기자님들이 있는 카톡방에 먼저 공유한다.
   논평이 발송되고
   모 기자님께서 공보실 식구에게 질문을 했다고 한다.

   "하

   오타 아닌가요?"

   하!
   웃어야 하나, 울어야 하나

   하 수상한 기자님이시다.

2) '서평특별위원회'가 급조된 날.
   mbn, 중앙일보 기자님들과 오찬을 했다.
   출간 계획인 논평 책에 관해 이야기를 나누며 기자님들에게 서평을 받기로 했다.

   간명한 논평처럼 간명한 한 줄의 서평.
   서평특별위원회 간사로 중앙일보 기자님께서 담당해주시기로 했다.

   이후, 기자님들과 책의 제목까지 정했다.

   "그래! 이게 김정화지"

   이제 책을 출간할 일만 남았다.

분열덩어리 조국, 대통령의 결단을 촉구한다

'조국'이라는 우환이 찾아온 뒤부터, 하루도 조용한 날이 없다.

주말인 오늘도 '조국 수호'와 '조국 사퇴'를 위한 각각의 집회가 열릴 예정이다. '조국이 곧 검찰개혁'이라는 문재인 정권의 선동에, 대한민국이 극도의 분열 상태다.

아직도 현 상황을 '국론 분열이 아닌 직접민주주의 행위'라고 생각하는가? 대통령의 무책임한 태도에 참담함을 느낀다. 현 사태에 대한 책임도, 지금의 혼란을 해결할 사람도 결국 문재인 대통령이다.

이제 문 대통령은 나라를 파멸로 이끄는 '분열덩어리 조국'을 내려놓아야 한다.

조국 파면은 단순히 검찰개혁에 대한 국민의 신뢰를 회복하는 목적을 넘어, 무너진 정의의 가치에 '심폐 소생'하는 시급한 일이다.

문 대통령은 조 장관의 명예퇴진으로 '대선후보 조국', '후계자 조국'을 만들겠다는 의도가 아니라면, 당장 조국을 사퇴시켜야 한다.

조 장관은 하루빨리 자리에서 내려와, 자연인 신분에서 '피의자'가 되어야할 사람이다.

국민 분열의 참사를 더 이상 외면하지 말라.

즉각적인 '조국 파면' 결단을 다시 한번 엄중히 촉구한다.

2019. 10. 12

〈 조국이, 후배 결혼식에 미치는 영향 〉

며칠 전 11월 초, 결혼을 앞둔 후배를 만났다.

"언니 걱정이에요."

왜 무슨 일 있어?

"서초동 성당에서 결혼하는데요.
그 때(11월 초)까지는 조국이 사퇴하겠죠?"

"주말에 서초에 사람이 너무 많아요."

그 전에 끝날 거야.

소원이 이뤄진 것인가?

조국이 사퇴하지는 않았지만
서초동에서 조국지지 촛불집회를 잠정적으로 마지막이 될 것이라고 발표했다.

아침 일찍, 후배에게 문자를 보냈다.

서초동 잠정적 마지막 집회라고 하네
11월 9일은 한산 할 듯^^ 다행이야

"히이 언니♥ 언니의 오늘 아침도 치열하네요! 마음 써주셔서 감사합니당! 파이팅!"

망령된 혓바닥, 여기까지가 한계다

참으로 망령(妄靈)된 혓바닥이다.

조국 비호의 좌장 역할을 자처하던 유시민 이사장, 반성은커녕 '너저분한 비아냥'만 늘어놓고 있다.

'멘붕에 빠지지 않았다'고 했는가?

정의를 팔며 위선적인 모습으로 국민 분열을 부추기던 장본인이 할 말은 아니다. 천방지축에 경박한 궤변으로 국민의 피로감이 높다. 뿐만 아니라, '여기자 성희롱 발언'은 갈 때까지 가버린 '유시민의 알릴레오'의 참상을 보여준다.

'유튜브 방송 때려잡기'를 통한 서슬 퍼런 편향의 시대에, 그의 방송에서 '성희롱 발언'이 여과 없이 흘러나온 점 역시 놀랍기만 하다.

정부도 유시민에 부역할 생각이 아니라면, 제재와 경고를 아끼지 마라.
진실을 오염시키고 여론을 분열시키는 선동만큼 해로운 것도 없다.
환경쓰레기에 가까운 알릴레오, 소각이 시급하다.

정치 안한다며 매일 매일이 정치인인 유시민, 국민을 농간하는 천박한 입은
멈춰라.

여기까지가 한계다.

2019. 10. 16

누군가가 물었다.

"김정화 대변인은 원래 속이 꼬였나요?
 글이 독해요~

분명
처음부터 그런 사람은 아니었다.
나도

망령된 혓바닥이 많은 곳.
국민을 살리는 혓바닥이 되기로 마음 먹었다.

문재인 대통령의 '헛발질', 병적이다

"다치지 않고 돌아온 것만으로도 너무 큰 수확이다"라는 손흥민 선수.

"2032년 서울·평양 올림픽 개최를 지지해 달라"는 문재인 대통령.

국민정서와 동떨어진 대통령의 '헛발질'이 병적이다.

위협과 감금을 당하고 돌아온 선수들에게 위로는 못해줄망정 무슨 공동 올림픽 타령인가?

'남북 축구 경기'는 스포츠를 빙자한 명백한 인질극이었다.

역대 최초의 '무관중·무중계 올림픽'을 꿈꾸는 대통령.

현실'인식'감수성 교육이 시급해 보인다.

국민의 정서와 싸울 생각이 아니라면, '일편단심 북한 사랑'도 정도껏 하라.

선의로 대하면, 악의로 보답하는 북한에, 대통령은 냉정해져라.

2022년에 퇴임하는 대통령, 10년 후 북한과의 올림픽을 신경 쓸 때가 아니다.

경제 외교 사회 등 산적한 현안 앞에
오직 '북한몽(夢)으로 허송세월 할 시간이 없다.

2019. 10. 19

조국몽
북한몽
·
·
·
일장춘몽

가산점 놀이

"당을 위해 헌신한 의원들이 오히려 피해를 받으면 안 된다."

'불법'을 '헌신'이라고 읽는 나경원 원내대표는 제 정신인가?

법 위에 군림하는 '구제불능의 인식'이 아닐 수 없다.

채이배 바른미래당 의원을 감금하고, 국회를 난장판으로 만든 한국당 의원들의 불법과 폭력은, 의회 민주주의의 유린이다.

"패스트트랙 관련 수사 대상에 오른 의원들에게 공천 가산점을 주겠다"고 했는가?

도대체, 법을 만드는 입법기관에서 원내대표가 무슨 생각을 하는 것인지 묻고 싶다.

'명백한 불법'을 두고, '가산점 놀이'에 빠져있을 때인가?

자유한국당식 '폭력우대 정책'이 개탄스럽다.

법치 파괴와 불법을 조장하는 나 원내대표.

범죄를 장려할 것이 아니라 조속히 검찰에 출석하라.

입법자의 불법행위 앞에, 관용은 있을 수 없다.

2019. 10. 23

더불어민주당은 '불출마 놀이'
자유한국당은 '가산점 놀이'

한쪽은 진정성이 없고, 한쪽은 진정성이 있어서 걱정된다.

요지경 놀이

정의의 여신도 박수 칠, 당연한 결과

정의의 여신도 박수 칠, 당연한 결과다.

'부정덩어리의 극치', 조국 부인 정경심 씨에 대해 구속이 이뤄진 것이다.
18명의 초호화 변호인단도, 공정과 평등을 위해 '두 눈을 안대'로 가린 정의의 여신상 앞에 무너졌다.

사모펀드 및 자녀 입시 비리의 정점에 있는 정경심.

차고 넘치는 혐의 속에서도, 완강히 부인하며 증거인멸을 시도하려했던 파렴치범 정경심.

조국 일가 위선의, 중심에 서 있었던 당사자로 신병 확보는 마땅하다.

이제는 조국이다.

검찰은 정 씨에 대한 구속을 계기로, 조국 일가의 비리를 입증하는데 수사력을 집중하는 한편, 조국 전 장관에 대한 수사도 본격화해야 한다.

조국에 대한 '특별 배려'는 있을 수 없다.

조 전 장관이 부인의 혐의에 '공범'으로 의심받고 있고, 본인을 둘러싼 의혹도 많기에 수사의 초점은 이제 '의혹덩어리 조국'에 맞춰야 한다.

아직 갈 길이 멀다.

2019. 10. 24

정경심씨로 구속으로
울 뻔 했던 정의의 여신이 박수를 쳤다.

법원의 판단을 앞두고는 대체로 두 개의 논평을 준비한다.

영장기각과, 영장발부에 관한 논평을 각각 준비해왔는데 (사실, 영장이 기각될 것으로 알고 기각에 방점을 두고 논평을 작성했다.) 영장이 발부된 것이다.

정의의 여신이 울 뻔 했던 논평.

정의의 여신도 울고 갈, 사법부(死法府)

정의의 여신도 울고 갈, '법치 파괴'의 결과다.
법원이 끝내 정경심 씨에 대한 영장청구를 기각하고 말았다.

사법부(司法府)는 사법부(死法府)가 되기로 한 것인가?
국민의 상식을 걷어 찬 '대국민 전쟁선포'에 가까운 판단이 경악스럽다.

차고 넘치는 혐의 속에, 기각이 말이 되는 것인가?
중대한 범죄 앞에, 구속은 너무도 당연한 것이다.
정경심 씨를 특별히 배려해야 할, 말 못할 속사정이라도 있는 것인지 묻지 않을 수 없다.

도대체, 법은 누구를 위해 존재하는 것인가?
'진리'를 '질문'으로 바꿔버린 사법부의 비상식적 판단으로 '위법 행위가 판치고 범죄가 일상인 나라'가 되지 않을지 염려스럽다.

정의의 여신은 공정과 평등을 위해 '두 눈을 안대'로 가렸지만, 사법부는 '눈 가리고 아웅'했다.

'오욕'의 역사를 새롭게 써가며, 국민에게 '모욕'을 준 사법부.
대법원 앞, 정의의 여신상은 철거하라.
사법부(死法府)는 법 앞에 평등을 논할 자격이 없다.

홍준표, 추근대지 마라.

'가벼움과 막말의 화신' 홍준표, 그의 망동(妄動)이 볼썽사납다.

역사의 뒤안길로 사라져야 할 사람이 손학규 대표에게 무슨 헛소리인가?

남의 당 문제에, '감 놔라 배 놔라' 하는 홍준표.
'싸구려 오지랖꾼'이 되기로 한 모양이다.

곪아 터져가는 자유한국당의 당내 문제로 복잡할 텐데, 바른미래당까지 신경써야 할 '말 못할 속사정'이라도 있는 것인지 묻고 싶다.

손학규 대표에게 추근대지 말고, 자유한국당이나 신경 써라.

한 겨울 단식을 해야 했던 이유,
모욕과 조롱을 참아내야 했던 이유,
손학규 대표의 '대도무문(大道無門)'을 이해할 수 없는 홍준표다.

존경받는 정치인으로 돌아오라고 했는가?
부디, 사리분별만이라도 할 수 있는 정치인으로 돌아오라.
홍준표의 유통기한은 벌써 끝났다.

2019. 10. 27

이 곳, 저 곳
왔다, 갔다
우왕좌왕
횡설수설

자유한국당에서 찾아주는 사람이 없는 것인가?

일요일이다.

바른미래당의 일만 신경 쓰기에도 벅차다.

이제 보니
꿈꾸는 옵티미스트가 아니고
추근대는 막말주의자다.

*꿈꾸는 옵티미스트
(저자 - 홍준표, 출판 - 봄봄스토리 출간- 2018. 11.30)

한 번 속지, 두 번 속나

집권욕은 높았고, 실력은 부족했다.
그리고 사과는 '조국 사퇴 시기' 만큼 늦었다.

이해찬 대표가 조국 사태와 관련해 처음으로 "국민께 매우 송구하다"고 밝혔다.

국민의 여론을 헌신짝처럼 내던졌던 이해찬 대표, 이제 와서 무슨 사과인가?

철이 지나도 한참 지난 이 대표의 사과, 총선을 의식한 퍼포먼스일 뿐이다.
주야장천으로 조국 '감싸기', 검찰 '때리기', 국민 둘로 '나누기'가 특기였던 이해찬 대표.

'검찰 개혁이란 대의에 집중하다 보니, 청년들의 상대적 박탈감을 헤아리지 못했다'고 했는가?

못 헤아린 것인가? 안 헤아린 것인가?

천연덕스러운 변명이 놀라울 따름이다.

거리로 쏟아져 나온 시민들과 청년들의 절규를 대놓고 음해하고 무시했던 민주당이다.

오늘의 사과가 이 대표의 말장난이 아니라면 입으로만 책임을 말하지 마라. 민주당의 습관성 위선과 거짓말에, 국민의 분노 역시 만성화되어 가고 있다. '조국 친위부대'의 수장으로서, '사퇴'라는 행동을 보여라.

한 번 속지, 두 번 속지 않는다.

2019. 10. 30

한 번 속였고 두 번 속였다.
좋은 아내가 되겠다는 다짐.

10월 30일
세 번은 속이지 말아야겠다.

짝꿍의 생일이다.

'조문'보다 '사면'

'말이 있기에 사람은 짐승보다 낫다.

그러나 바르게 말하지 않으면 짐승이 그대보다 나을 것이다.'

– 사아디 고레스탄 –

검은 양복, 검은 넥타이에 '검은 마음'까지 가져간 것인가?

상중인 대통령에게 박근혜 전 대통령의 사면 요청.

'문상'가서 '진상'만 부리고 온 꼴이다.

자신의 정치적 입지를 높이기 위한 쇼를 하며

남의 아픔을 훔쳐 먹은 '철없는' 홍문종.

제발,
상식선에서 살자.

2019. 10. 31

'바른미래당 대변인 막말 규탄 및 인성교육요구'

'우리공화당 공동대표에 대한 천벅한 비하발언 사과하라'

'바른미래당은 대변인은 막말 사과하라'
.
.
.

논평 발표 이후
당사 앞에 우리공화당 당원들이 찾아와서 피켓 시위를 했다.

대변인, 극한의 직업임을 다시금 느낀다.

이상은 높았고, 실력은 없었다

문재인 정부의 전반전이 끝났다.

'촛불 정부'를 참칭하며 국민적 기대를 선동했던 문재인 정부는 2년 6개월 동안 무엇을 남겼나?

무능, 거짓, 위선, 핑계, 쇼로 점철된 문 정부.
'전방위적 위기 유발자'가 된 문재인 대통령이 아닐 수 없다.

'금강산 남측 시설 철거 논의 통지문'과 '미사일'만 남은 남북관계.

세금주도성장에 가까운 소득주도성장.

실리보단 자존심만 앞세운 외톨이 외교.

협치 실종, 분열조장의 정치.

이상은 높았고, 실력은 없는 문 정부의 민낯이다.

상황이 이 지경인데, 스스로를 자화자찬하며 '자신들이 옳다'는 문 정부의 '망상적 사고'에 절망감을 느낀다.

독선과 아집을 부릴 때가 아니다.

정책이 잘못됐으면 '선동'을 하지 말고 '수정'을 해라.

문제가 있다고 판단하면 비판을 겸허히 수용할 줄 알아야 한다.

더 이상, 실력은 없고 뜬구름만 잡는 정부가 되어서는 안 된다.

2019. 11. 9

이상이 높으면 실력을 키워야 한다.

당연한 일이다

자존심 상할 일이 아니다.

추야훈수(秋夜訓手)

가을 바람에도 여전히 막말을 퍼붓고 있지만

자유한국당에서는 찾아주는 이가 없네.

깊은 밤 창밖에는 비가 내리고

등불 앞에선 정치생명의 연명만 아른거리네.

- 추야우중(秋夜雨中)변용

초대받지 못한 자의 훈수가 가관이다.

인성은 천박, 말투는 불량, 정치는 트집.

정치의 격은 격대로 떨어뜨린 장본인이 무슨 할 말이 있는가?

'혈혈단신' 신세를 면하고자, 입만 조금해진 모양이다.

관전평에 재미 붙인 홍준표.
싸움꾼으로 전락한 홍준표.

'권력 찬탈 놀이'는 이쯤해서 멈춰라.

훈수질도 가끔이다.

2019. 11. 11

천고아비(天高我肥)의 계절.
(하늘은 높고, 나는 살찐다)

추야훈수(秋夜訓手)을 쓰니,
추야야식(秋夜夜食)이 생각난다.

숨길 수 없는 식욕.

오늘 야식은
치킨이다.

안철수는 안철수의 길을 간다

"필요하다면 안 전 대표를 만나기 위해 미국뿐 아니라 지구 끝까지 갈 생각"

자유한국당 보수대통합추진단장의 꿈이 야무지다.

왜 남의 당 사람까지 언급하며 수구야합의 패악을 희석하려 하는가?

과거로 회귀하고자 하는 수구세력이 미래를 위해 헌신 중인 안철수 전 대표를 언급하는 것 자체가 어불성설이다.

자신이 만든 당을 보수야합의 제물로 만들려는 유승민 의원의 계략도 이미 들통났다.

'개혁보수'를 참칭하며 '수구 본심'을 드러낸 유승민.
'변혁'보다 '변절'이 더 어울리는 유승민.

'안철수 팔기'를 즉각 중단하라.

5.18, 친일과 탄핵의 역사를 부정하며, 세 불리기만 골몰하는 자유한국당과 통합을 추진하는 유승민 대표의 수준도 결국 딱 그 정도다.

새로운 미래는 부패한 과거와 어울리지 않는다.

실용정치를 위해 제3의 길을 힘겹게 걷고 있는 사람의 이름을 함부로 언급하지 말라.

안철수 전 대표의 당적은 '바른미래당'이다.

안철수는 안철수의 길을 갈 것이다.

2019. 11. 12

안철수 대표를 찾지 말고, 국민의 마음을 사기 위해서라면 지구 끝까지 가라.

남의 이름 석자로 정치하는 것, 너무 후지지 않는가?

내 이름 석자는 누가 찾을까?

조(국)꾹이 아니라 입꾹

입으로는 성실한 '조사'를, 행동은 '반항'을.
한입으로 두말하는 조국의 위선이 명불허전이다.
피의자로 전락한 조국이 검찰에 출석하여 8시간 동안 묵비권을 행사했다.

참으로 '고약한 양심파괴자'다.

검사와의 대화를 그렇게 좋아하던 조국, 어째서 검사 앞에서는 입을 꾹 다
물었는지 묻지 않을 수 없다.

조(국)꾹이 아니라 입꾹이 어울린다.

"일일이 답변하고 해명하는 것이 구차하고 불필요하다"고 했는가?

말장난하는 조국을 보니 역겹고, 비겁한 위선자의 표본임을 새삼 느낀다.
해명이 구차한 게 아니라 빼도 박도 못할, 차고 넘치는 증거에 입을 다물었

다고 말하는 편이 솔직하겠다.

최소한의 죄의식과 뉘우침도 없는 조국.

2017년 3월 21일 트위터에 남긴 자신의 글을 마지막으로 전한다.

피의자 박근혜, 첩첩히 쌓인 증거에도 불구하고 '모른다'와 '아니다'로 일관
했다. 구속영장 청구할 수밖에 없다. 검찰, 정무적 판단하지 마라.

2019. 11. 15

〈 입꾹을 바라보는 국민편 〉

화꾹.
입술꾹.
분노꾹.
싫어요꾹.

청와대가 전합니다 / 청와대가 쇼합니다

청와대 국민청원 / 청와대 선동청원

사실은 이렇습니다 / 사실은 거짓입니다

내삶이 바뀝니다 / 내삶이 흔들립니다

청와대 관람신청 / 청와대 관람신청 (관람만 가능, 소통은 불가)

한결같은 정부의 쇼

공식 앱 '청와대' 출시.
정부의 쇼가 한결 같다.

소통이 없어서 외교가 '고립'되었는가?
소통이 없어서 경제가 '악화'되었는가?
소통이 없어서 안보가 '마비'되었는가?

'매일 점검하겠다'던 일자리 상황판은 어디로 갔나?

더 이상 세금 낭비는 하지마라.

2019. 11. 18

청와대가 만든 앱

무엇을 위한 앱인가?

청와대에

똑같이 돌려주기로 했다.

청와대가 쇼합니다.

청와대 선동정치.

사실은 거짓입니다.

내삶이 흔들립니다.

청와대관람신청(관람은 가능, 소통은 불가)

지긋지긋한 쇼.

끝낼 때가 한참 지났다.

알맹이 빠진 '대통령 홍보방송'

예상대로다.

유별나게 사용해오던 A4용지는 없었지만, '성의'도, '진정성'도 없었다.

통상적인 질문, 듣기 좋은 대답, 원론적인 얘기, 자화자찬에 남 탓.

소름 돋을 정도로 형편없었던 '국민과의 대화'는 누구를 위한 방송인가?

알맹이는 빠진 '대통령 홍보 방송'이 그저 개탄스러울 뿐이다.

'농담', '무질서함', '개인적 이야기'로 정작 중요한 의제에 대한 심도 있는 대화는 찾을 수 없었다.

시간 낭비, 전파 낭비가 아닐 수 없다.

임기 절반을 독선과 아집으로 채워놓고,
'지금껏 잘해왔고, 앞으로 잘할 것'이라는 대통령의 망상적 태도.

국민의 화병을 유발하는 '민심 뒤통수권자'가 되기로 한 모양이다.

정치, 경제, 외교, 안보 할 것 없이 모든 분야에 적신호가 켜진지 오래다.

'국민과의 대화'보다는 '자신과의 대화'가 필요한 문재인 대통령.

들었으면 반성하고, 반성했으면 바꿔라.

그리고
사회자와의 사담(私談)은 사석에서 나눠라.

2019. 11. 19

저녁 8시부터 100분 동안 진행된 국민과의 대화.

"아까 대통령 들어오실 때 눈물이 터졌다. 왜냐하면 많이 늙으셨다"

"굉장히 힘드신 것 같다. 문 대통령의 자서전 4권을 읽었다"

"문대통령은 불의에 저항하는 삶을 살아왔다"

'환호와 무한 찬양'으로 가득한 문재인 대통령만을 위한 시간에, 내가 무엇을 듣고 있는 것인가?

시간 낭비, 전파 낭비의 시간.

'많이 늙으신 엄마께' 안부전화를 할 걸.

죄책감이 밀려온다.

장외'투정', 삭발'반항', '의전'단식

장외'투정', 삭발 '반항', '의전'단식까지.
황교안 대표의 자충수가 끝이 없다.
민생을 걷어차고, 기어이 '국민과의 단절'을 택한 제1야당의 황교안 대표.

리더십 위기에 따른 불안 증세를 '명분 없는 단식'으로 표출하더니,
30분마다 건강 체크, 소음 제어까지 신경 쓰는 철통보완 속 '의전단식'으로
빈약한 행보를 이어가고 있다.

단식의 진정성은 없고, '의전왕'의 행태만 있다.
협의·협상·협치가 무슨 의미인지도 모르는 황 대표.
'떼쓰기 정치'를 단식이라고 말하지 마라.
해야 할 일도, 논의할 일도 많다.
이 핑계, 저 핑계로 현재를 발목 잡고, 미래를 어둡게 만들지 마라.

지금이라도 단식을 빙자한 '의전 쇼'는 멈추고, 제 1야당 대표로서 최소한의

책임감을 되찾기 바란다.

끝으로, 죽기를 각오하겠다고 했는가?

일본의 경제보복에 대해 철회를 요구하며 단식투쟁을 하라.

그 진정성, 믿어주겠다.

2019. 11. 21

기자님께서 보내준 메시지

황대표 단식 투쟁 지원 근무자 수칙

-대표 소재지 근무, 30분마다 대표 건강상태 체크, 거동 수상자 접근 제어, 대표 기상 시간(03:30)대 근무 철저, 취침에 방해 안되도록 소음제어, 미근무시 불이익 등

- 과거 이정현 대표, 김성태 대표 단식때는 혼자 했는데 이번에는 유독 4명씩 하루 2교대로 대표지원

가히,

의전 단식의 끝판왕이다.

나도

하루 단식이나 해볼까?

내 의전은 누가 챙기나.

'굶기'만 한다고 '비장한 단식'인가?

황교안 대표의 단식이 7일째를 맞이했다.

언제까지 국정을 인질로 삼아, 스스로 고립되는 자해 행위를 계속할 것인가?

선거법 개정안의 본회의 부의가 하루 앞으로 다가온 상황이다.
'굶기'만 한다고 '비장한 단식'이 되는 것인가?
협의 테이블을 박차고 나가, 다짜고짜 굶기를 택한 것은 책임 방기와 나라를 망치겠다는 각오일 뿐이다.

선거법뿐만 아니라, 공수처법, 각종 민생·개혁입법 등 논의해야 할 사안이 차고 넘친다.

국민적 공감대가 없는 상황에서 황대표의 단식은 시작 전부터 실패다.

'죽었지만 죽지 않는 좀비'처럼, 이미 실패로 끝났지만 스스로 굶기를 끝내지 않는 황교안 대표의 '떼쓰기 정치'.

'제 멋대로 단식' 아닌, '민심 그대로 선거제 개혁'이 절실한 상황이다.

황 대표는 '단식 중단 촉구'라는 멍석이라도 깔아줄 때, '좀비 단식'을 끝내고, 국회로 복귀해 산적한 현안 논의에 임하라.

'안경테'의 무게도 버겁다는 황교안 대표.

부디, 국민의 명령과 시대적 요구의 무게도 느끼길 바란다.

2019. 11. 26

〈 그건 그거고, 이건 이거고 〉

논평을 배포한 후, 정론관에서 발표를 하고 나온 순간
모 기자님께서 질문을 주셨다.
"대변인님! 방금 손학규 대표님과 김관영 의원님께서 황교안 대표님 단식장에 다녀왔는데요, 이런 논평이 나가도 되는 건가요?"

사실 논평을 작성해야하는지 고민이 되었지만, 선거법과 각종 민생개혁법안 앞에, 논평을 쓰지 않을 수 없었다.

대변인의 삶은
그건 그거고, 이건 이거다.

'무제한 떼쓰기'나 할 때인가?

자유한국당의 몽니가 끝이 없다.

29일 본회의에 상정되는 모든 안건에 대해 '무제한 토론(필리버스터)'을 신청한 것이다.

며칠 전, '제1야당 원내대표가 북미 정상회담을 막아섰다'는 소식만큼, 귀를 의심케 하는 소식이다.

산적한 민생 현안 앞에, '무제한 떼쓰기'나 할 때인가?

특히, 반드시 통과시켜야 할 '민식이법'을 볼모로, '일단 본회의를 열어 민식이법도 통과시키고, 필리버스터도 하게 해달라'는 자유한국당의 비열한 꼼수에 분노가 치민다.

어린이 교통안전 강화를 위한 민식이법까지 '당리당략을 위한 제물'로 삼겠다는 상식 파괴의 자유한국당.

당장, 국정과 민생을 대상으로 한 인질극을 중단하라.

필리버스터는 '법이 보장한 권리'이지만, 이를 악이용하는 자유한국당의 행동은 '법을 외면한 부조리'다.

이쯤 되니 자유한국당에 묻고 싶다.
정당의 존재 이유가 무엇인가?

국회를 벼랑 끝으로 내모는 '몽니의 끝판왕', 자유한국당.

자진해산이 답이다.

2019. 11. 29

'무제한 토론'을
'무제한 떼쓰기'로 생각하는 자유한국당.

국민의 고통을 생각하지 못하는 정당은 존재이유는 없다.

'무제한 퇴출'이 답이다.

구관(舊官)이라고 전부 명관(名官)이랴?

청와대가 법무부 장관 후보자로 추미애 의원을 지명했다.

문재인 대통령은 중진 기용을 통해 안정적 국정 운영을 꿈꾼 것인가?

안타깝게도 구관(舊官)이 전부 명관(名官)은 아니다.

민주당 당대표 시절, 최악의 들러리 당대표라는 오명을 받으며 당 전체를 청와대 2중대로 전락시켰던 추미애 후보자다.

그의 입장에서 대통령의 지목이 여간 영광스러운 것이 아니겠지만, 낯 뜨거운 청와대 옹호론만 펼치던 사람이 공명정대하게 법과 원칙을 지켜야 할 법무부 장관에 적합할지 의문이다.

'거친 화법'과 '돌출적 행동'으로 틈만 나면 '협치'를 걷어찬 전력의 소유자 추미애.
어떻게 국민의 뜻을 모으고, 야당을 설득해 '검찰개혁'이라는 시대적 소명을 이뤄낼지 걱정스럽다.

더욱이, 조국의 빈자리를 못내 채운듯한 '조국 장관의 대체재'의 인사이기에, 개각에 대한 일말의 기대감마저 일소될 지경이다.

문재인 정부의 수많은 무능 중에서 유독 돋보이는 '인사 무능'이 재검증되는 순간이 아닐 수 없다.

정권이 막을 내려야만 인사 참사와 국정 난맥상이 멈출 수 있는 것인지, 국민은 답답하기만 하다.

2019. 12. 5

예상대로다.
거친 언사의 표상 추미애 의원이 법무부 장관 후보자로 지명됐다.

추다르크, 탄핵녀, 추장군, 느와르메이커, 킹슬레이어, 추날두, 프로탄핵러, 선거의 여왕 등의 대채로운 별명의 소유자 추미애.

예정된 법무부장관 후에 또, 어떤 별명이 나올까?
'국민화합상'까지 수상했던 추미애 의원.
이번에는 화합을 이룰까.

고래가 캠핑 가는 소리는 멈춰라

고민정 청와대 대변인의 분별력이 오락가락이다.

자신의 페이스북에 참고인 검찰조사를 앞두고 숨진, 수사관에 대해 '과도한 수사적 표현'을 붙여 선동 정치를 시작한 것이다.

"엉뚱한 사람을 죄인으로 몰아갔던 것에 대한 미안함의 표현도 보이지 않는다"고 했는가?

청와대의 오만함은 어디에서 나오는지 묻고 싶다.

연일 해명을 쏟아내고 있는 청와대와 달리, 울산시장 하명수사·선거개입 의혹의 진상이 구체적으로 드러나고 있는 상황에서 무슨 헛소리인가?

국민을 우습게 아는, 위선적이며 추악한 문재인 정부.

고래가 캠핑 가는 소리는 멈춰라.

아무도 고인을 죄인으로 지목하지 않았다.

검찰은 참고인이라는데, 청와대는 고인을 죄인이라고 단정하는 꼴이 아닐
수 없다.

'의혹의 중심' 청와대, '거짓의 중심' 고민정.

거짓 브리핑을 해놓고도 국민에게 미안함이 없는 것인가?

알량한 사심(邪心)으로 의로운 척 포장하지 마라.

국민적 불신을 키우는 감성적 선동은 멈추고, 앞뒤가 맞지 않고 의혹만 키
웠던 자신의 발언에 대한 해명부터 해라.

2019. 12. 7

조금은 늑장 부리고 싶은 토요일.

늦은 점심을 먹고 '밥 값' 위해 집중해서 쓴 글이다.

고민정 SNS 글에…"오민하다" 비판한 바른미래당

바른미래"고민정 SNS선동정치…靑 오만함 어디서 나오나"

해당 논평이,

347

정치권 많이 본 뉴스 1위와 2위의 상위권에 노출이 되며 회자됐다.

바른미래당을 살리는 길.

할 말을 하면서
'밥 값'하면 된다.

'변절자들'의 일탈적 창당, 역겹다.

결국, 가지 말았어야 할 길을 가고야 말았다.

'변혁' 모임이 '변화와 혁신' 중앙당 창당 발기인 대회를 열었다.

바른미래당 당적은 유지한 채 신당을 만들려는 시도는 대한민국 정치사에 없었던 해괴망측한 일이 아닐 수 없다.

최소한의 신의도 내팽개친 것인가?

'바른미래당'을 한 번이라도 더 생채기하려는 못된 심보가 개탄스럽다.

새로운 정치를 위해 어렵게 만든 바른미래당을 걷어차고, 멋대로 또 다른 당을 만들려는 '불순한 발상'이 꼴사납다.

렴치한 집단에게 '변화'와 '혁신'이라는 단어는 사치다.

혁'이 아닌 '변절'이 더 어울린다.

스로의 존재 이유도 부정한 채, 방황하는 '변절자들'의 '일탈적 창당'이 역

다.

신들이 비판했던 자유한국당의 품에 다시 기대려는 수구 통합의 속내 또

애처롭다.

치의 균열과 빈틈에 기생하려는 변혁집단 덕에, 우리의 사명감은 더욱 분

해졌다.

회주의 정치, 파렴치한 정치를 타파하기 위해.

생 정치, 실용 정치를 위한 중도개혁을 위해.

른미래당은 대도무문(大道無門)의 정신으로 꿋꿋이 전진할 것이다.

2019. 12. 08

< '역겹다'가 아니고 '아프다' >

사실, 마음이 아프다.

함께했던 동지.
함께했던 가치.
함께했던 시간.

특히,1년 넘게 대변인실 짝꿍이었던 이종철 대변인의 변혁 행.

누구의 잘못도 아니다.

어렵게 만든 당,
시간이 걸려도 오래가는 변화를 만들어가야 할 책무.
모두에게 있었다.

논평을 쓰는 동안
낭만적인 시간들이 스쳐간다.

정의당 막말 관련 단평(短評)

"말처럼 아름답고 귀한 것도 없고

말처럼 부끄럽고 추한 것도 없다."

'돈 대주고, 몸 대주는'

정의당의 천박한 언어 사용.

'국격분쇄기' 정당이 되기로 한 것인가?

'정의'가 없는 '정의당'.

'정신'도 없는 '정의당'이 되기로 한 모양이다.

저급하기 짝이 없는 구제불능의 정의당.

해체가 답이다.

2019. 12. 21

〈 미용실에 '머리 대주러' 온 날 〉

오랜만에 신촌에 머리를 염색하러 왔다가
대기 시간에 짧게 쓴 단평이다.

후배의 결혼식이 있는 날이라
고운 말만 쓰기로 다짐했는데

여야를 가리지 않는 재난적 언어사용이
그 다짐을 걷어차게 만들었다.

〈한줄 서평〉

부드러운 서릿발, 사이다를 들이키는 느낌의 논평 오창훈 변호사

창발적 논평의 정석 헤럴드 경제 이원율

김정화 대변인의 논평은 항상 빠짐없이 살펴본다. 군더더기 한 점 없는 간결한 논평, 보다보면 자꾸만 빠져든다. 얄미울 정도로 독보적이다.
정의당 유상진 대변인

두 동강 난 사회를 질타하는 바른미래의 죽비소리.
김정화 대변인의 시선은 늘 아래에 있는 국민을 향하고 있다.
박상병 정치평론가

범람하는 말의 홍수 속 반짝이는 진주 같은 그의 글을 기사에 어찌 싣지 않을 수 있을까. 연합뉴스TV 구하림

김정화 대변인만의 시각에 날카로운 재치를 담다 JTBC 강희연

뼛속까지 때려주는 신박한 일침 채널A김민지

곱씹게 되는 격이 다른 논평 중앙일보 현일훈

김정화 대변인의 촌철살인, 깨끗하게 淨化된 야당 논평의 精華
김근식 교수

쏟아지는 정치권 논평 속 누구 글인지 바로 알 수 있는 그의 문장. 가장 선명하게, 또 정확하게. 그가 쓰는 글의 맛. 경향신문 조형국

시를 읊는 정치인, 아름답다. 채이배 의원

국민의 '外面' 받는 정치판의 '內面'을 신랄하게 파고드는 날카로운 눈 데일리안 최현욱

냉철한 이성과 온화한 마음, 간극을 메우는 유려한 문체 시사위크 정호영

머리는 차갑고 가슴은 뜨겁고 펜 끝은 날카로운 사람 대변인 김정화. tbs 지혜롬

거품과 군더더기를 발라낸 그의 글은 사태의 본질을 꿰뚫는다.정치 논평의 새 지평을 열었다. 조선비즈 김명지

촌철살'문'(寸鐵殺文)으로 꾸짖다! 동아일보 최고야

진중한 그녀가 깊숙이 바라본 세상...풍자 가득한 촌철살인에 배를 잡고 웃다가도, 씁쓸하고 진한 여운에 곱씹어보게 된다. mbc 김지경

김정화
이것이 논평이다

1판 1쇄 인쇄 2020년 3월 30일
1판 1쇄 발행 2020년 4월 01일

지은이 김정화
펴낸이 이원영
편   집 마민웅, 임유진
펴낸곳 도서출판 더굿

주소 서울시 종로구 인사동 14길 43
전화 02.2631.7073

ISBN 979-11-951296-6-9 03070

* 잘못 만들어진 책은 구입하신 서점에서 교환해 드립니다.